REINHARD HALLER

DAS WUNDER DER WERTSCHÄTZUNG

Wie wir andere stark machen und dabei selbst stärker werden

Inhalt

Im Text wurde nicht durchgängig die männliche und weibliche Sprachform verwendet, sondern vorwiegend das generische Maskulinum. Dies ist einzig und allein der besseren Lesbarkeit geschuldet und keinesfalls als mangelnde Wertschätzung der Leserinnen zu verstehen.

Vorwort

Wir alle wissen aus eigener Erfahrung, wie gut es sich anfühlt, wenn uns Anerkennung und Achtung entgegengebracht werden, wenn wir positive Zuwendung, Lob und Dankbarkeit erfahren. Dennoch hat Wertschätzung im Lauf der letzten Jahrzehnte einen Kurssturz erlitten. Der Umgang der Menschen miteinander ist unfreundlicher und rauer geworden. Beleidigungen und Bloßstellungen sind an der Tagesordnung. Toleranz und Solidarität sind keine prägenden gesellschaftlichen Werte mehr. Diese Entwicklung ist eine Folge der Vorherrschaft von Leistung und Profit sowie der Überbetonung von Individualität. Nicht zuletzt fördern die Digitalisierung fast aller Lebensbereiche und die Anonymität der Einzelnen im World Wide Web das schlechte Klima. Allerdings scheint es mir, dass der Wind sich gerade dreht, dass die Sehnsucht nach mehr Wertschätzung wächst.

Diese Tendenz möchte ich unterstützen, da ich aus meiner vieljährigen psychotherapeutischen und kriminalpsychiatrischen Erfahrung weiß, welch großen Schaden Kränkungen und mangelnde Wertschätzung anrichten können. Ich freue mich, wenn ich nach zahlreichen Publikationen über Krankes und Böses einen kleinen Beitrag dazu leisten kann, dass Wertschätzung wieder mehr wertgeschätzt wird. Dafür sind keine großartigen therapeutischen Maßnahmen und ausgefeilten theoretischen Konzepte nötig, denn schließlich wissen und spüren wir alle, worum es geht – um ein elementares menschliches Grundbedürfnis. Ich möchte Sie, liebe Leserinnen und Leser, mit diesem Buch bei der Entwicklung einer neuen Wertschätzungskultur begleiten. Das Besondere an der Sache ist: Sie selbst werden am meisten davon profitieren!

Reinhard Haller

Wertschätzung in Zeiten der sozialen Kälte

»›Man kann nicht allen helfen‹, sagt der Engherzige und hilft keinem.«

MARIE VON EBNER-ESCHENBACH

Eine seltsame Wertschätzungsblockade hat sich über unsere Gesellschaft gelegt. Emotionale Kühle, Geringschätzung, destruktive Kritik, Zynismen und Entwertung gewinnen die Oberhand. Skandalberichte sind gefragt, Fake News haben Konjunktur, Hasspostings vergiften das Internetklima. Die Sprache hat sich radikalisiert, der ehemalige Mitleidsbegriff »Opfer« ist zum Schimpfwort »Du Opfer« geworden. Da werden Randgruppen diskriminiert, Andersdenkende verlacht und Benachteiligte verachtet. Coolness ist »in«, Abgebrühtheit ein erstrebenswerter Persönlichkeitszug und Egozentrik und Eigennutz gesellschaftliches Ideal. Die Menschen verdrängen ihre Gefühle oder zeigen sie immer weniger – nicht mehr echt, nicht warmherzig, nur mit gekünsteltem Affekt. Die Differenziertheit menschlicher Emotionalität hat sich abgeschliffen, sie verkommt zur uniformierten digitalen Massenware: Smiley statt feinem Lächeln, Emoticon statt Gefühlstiefgang.

Der Mensch aber bleibt trotz des gefühlskalten Zeitgeistes ein liebes- und lobesbedürftiges Wesen. Sein Verlangen nach wohlmeinender Zuwendung ist größer denn je, er dürstet nach seiner emotionalen Milch. Das menschliche Wesen braucht positive Bestärkung zur Entwicklung eines starken Selbstbewusstseins, zur Differenzierung seiner Gefühlswelt, auch zur Bewältigung von Krisen und Belastungen. An den emotionalen Grundbedürfnissen des Menschen, an seiner Sehnsucht nach Zuwendung und Anerkennung, seinem Urverlangen nach Sympathie und Mitleid, seinen Ängsten vor Liebesmangel und Liebesverlust hat sich nichts geändert. Er braucht Wertschätzung, auch und gerade in der heutigen Zeit.

Der Mangel an Zuwendung macht krank – Individuen wie Gesellschaften

Fehlende Wertschätzung ist nicht nur mit Selbstwertzweifel und eingeschränktem Sicherheitsgefühl verbunden, sondern begünstigt psychische Probleme, führt zu Beziehungsschwierigkeiten und erhöht die Aggressionsbereitschaft. So hat die ganze Palette neurotischer und psychosomatischer Störungen, auch der Suchterkrankungen, einiges mit dem Gefühl fehlender Wertschätzung zu tun. Viele Konflikte in Partnerschaft und Familie, im beruflichen Umfeld oder in Wirtschaft und großer Politik werden durch mangelnde Wertschätzung ausgelöst. Nicht zuletzt resultieren verschiedenste selbst- und fremdaggressive Verhaltensweisen – von suizidalen Tendenzen über Beziehungsdelikte bis zu Amok und Terror reichend – aus Wertschätzungsproblemen.

Der im März 2018 verstorbene britische Astrophysiker und Kosmopolit Stephen Hawking (1942–2018) hat uns gewarnt. Das Überleben der Menschheit hänge davon ab, so analysierte der nüchtern denkende Naturwissenschaftler, ob sie die Empathie retten könne. Alles andere können Computer und humanoide Roboter schon heute oder zumindest in naher Zukunft besser. Niemals aber werden sie mitmenschliche Gefühle entwickeln und sich in andere hineinfühlen können. Dies ist und bleibt das Menschliche, das Humane schlechthin. Die Kultivierung der Wertschätzung kommt, wenn der große Wissenschaftler recht hat, nicht nur dem Individuum, sondern der menschlichen Gemeinschaft zugute.

Da es bei fehlender Wertschätzung nur schwer möglich ist, ein positives Selbstwertgefühl zu entwickeln, werden andernfalls – ganz nach der Psychologie des einäugigen Königs unter den Blinden – abwertende Strategien herangezogen. Wer andere niedermacht oder ihnen Wertschätzung vorenthält, tut dies in der Hoffnung, selbst besser dazustehen. In einer Kultur ohne Wertschätzung kann sich deshalb kaum ein wohlwollender Umgang entwickeln. Dies heißt aber nicht, dass wir Kritik vermeiden sollen. Entscheidend ist vielmehr, ob sie konstruktiv ist. Positive Kritik kann durchaus sehr wertschätzend sein, destruktive Rückmeldungen dagegen sind es nicht.

Widerstand regt sich

Ein wertschätzendes Klima ist die Voraussetzung für die Entwicklung und Aufrechterhaltung eines gesunden Selbstwertgefühls. Umgekehrt gilt: Nur wer ein stabiles Selbstwertgefühl hat, ist überhaupt in der Lage, den Wert seiner Umwelt anzuerkennen. Wertschätzung tut der eigenen Person genauso gut wie der des anderen. Wenn sie fehlt, leiden das Ich und das Du. Wertschätzender Umgang ist, wie man heute sagt, eine Win-win-Situation.

Durch ein richtiges Maß an Wertschätzung stärkt jeder Einzelne die Mitmenschen, vor allem aber sich selbst.

So erstaunt es nicht, wenn in individuellen Gesprächen und in Meinungsumfragen eine steigende Sehnsucht nach erfreulichen Nachrichten und positiven Botschaften, nach Zentrierung auf das Gute und Schöne, nach mehr Achtung und Anerkennung festzustellen ist. Die Menschen haben offensichtlich genug von Kriegsreportagen und Katastrophenberichten, von Skandalen und Fake News, von destruktiver Kritik und öffentlicher Brandmarkung sowie der Entwürdigung von Mensch und Natur. Sie wollen und brauchen wieder mehr Wertschätzung.

Um diesem allgemeinen Verlangen politischen Nachdruck zu verleihen und zu mehr Wertschätzung aufzurufen, hat Andrea Costa, der Bürgermeister der italienischen Stadt Luzzara, für seine Gemeinde ein »Boshaftigkeitsverbot« erlassen. Dieser Erlass, mit dem er der verbalen Verrohung, dem rücksichtslosen Umgang, der politischen Legitimierung von Aggressivität und dem Niedergang der Wertschätzung entgegentreten will, hat Tausende begeisterte Zustimmungen erhalten.

Was das Buch Ihnen bietet

Die vorhergehenden einführenden Abschnitte sollten in aller Kürze aufzeigen, wie brisant das Thema Wertschätzung ist. Dies zum einen, weil die Welt, in der wir momentan leben, dabei ist, dieser wichtigen sozialen Kompetenz den Garaus zu machen. Zum anderen, um eine Lanze für die Wertschätzung zu brechen, weil sie ein wesentliches emotionales Bedürfnis des Menschen sowie einen hohen Wert und einen reichen Schatz der Menschlichkeit darstellt. Wenn wir uns in den folgenden Kapiteln eingehend mit dem Wesen und der Bedeutsamkeit von Wertschätzung beschäftigen, stütze ich mich auf folgende Thesen:

1. Der Mensch ist ein liebes- und lobesbedürftiges Wesen, gleichzeitig aber immer weniger fähig, anderen Menschen mit Wertschätzung zu begegnen.
2. In einer auf emotionale Kühle und kalte Geschäftigkeit ausgerichteten Gesellschaft kommen die individuellen Bedürfnisse nach Zuwendung, Zärtlichkeit (im Sinn von Emotionalität) und Zeit – die berühmten drei großen Z – viel zu kurz.
3. Anderen mit Wertschätzung begegnen kann nur eine Persönlichkeit mit gesundem Selbstwert – oder: Achtung und Anerkennung anderer stärkt den eigenen Selbstwert.

4. Wenn sich wieder eine Kultur der Wertschätzung entwickelt, wird auch die für das Überleben der Menschheit wichtige Empathie gefördert.
5. Die Wertschätzungskrise unserer Gesellschaft lässt sich nur überwinden, wenn jeder Einzelne nicht nur Wertschätzung gibt, sondern für sich mit Entschlossenheit einfordert.

In der Wertschätzung ist vieles enthalten, was sich in der gesellschaftlichen Einstellung, in der zwischenmenschlichen Kommunikation und der Begegnung mit anderen ein Stück weit umsetzen ließe und so die gesellschaftliche Grundstimmung wieder humanisieren könnte: die Achtung menschlicher Werte, die Pflege der Empathie, die Bewahrung von Respekt und Würde.

Kann Wertschätzung wirklich Wunder wirken?

Manchen von Ihnen mag es als übertrieben, kitschig oder abgedroschen erscheinen, wenn die Wertschätzung als »Wunder« bezeichnet wird. Allen, die solche Gedanken hegen, darf der Rat gegeben werden, wertschätzendes Verhalten einfach auszuprobieren und die Wirkung echter Wertschätzung zu beobachten. Sie werden sich oft wundern, im positiven Sinne! Denn ein wertschätzender Umgang miteinander kann tatsächlich etwas ganz Wunderbares bewirken: Wir fühlen uns besser, wenn wir Anerkennung und Respekt erfahren, aber auch, wenn wir Zuwendung schenken, Trost spenden oder einfach Respekt zeigen. Umgekehrt sind andere uns gegenüber auch offener, freundlicher, herzlicher, wenn wir uns wertschätzend verhalten. Vielleicht hat die Skepsis gegenüber dem Wunderbegriff mit unserer eigenen Unfähigkeit zu tun, auf Mitmenschen mit positiver Resonanz zu reagieren.

Verwunderlich ist die Diskrepanz zwischen der großen Sehnsucht nach Wertschätzung und der häufig zu beobachtenden geringen Bereitschaft, anderen Wertschätzung entgegenzubringen.

Ebenso ist es erstaunlich, wenn im Berufsleben der mit Abstand wichtigste Verstärkungsfaktor, nämlich echte Anerkennung, so wenig eingesetzt wird – obwohl erwiesen ist, dass eine wertschätzende Unternehmenskultur und auch individuell zum Ausdruck gebrachte Anerkennung zu Effizienzsteigerung durch Mitarbeiterzufriedenheit führen. Ähnliches lässt sich bei den heute so häufig gewordenen Partnerschaftsproblemen erkennen. Dort sucht man nach allen möglichen Erklärungen – »Wir sind völlig verschiedene Typen, wir haben uns auseinandergelebt« –, während das Naheliegende übersehen wird: die in der Alltagsroutine und im unvermeidlichen alltäglichen Reibungsverlust verloren gegangene Wertschätzung. Auch hier ließe sich mit einer bewusst gelebten, freundlichen, respekt- und liebevollen Partner- oder Familienkultur oft viel erreichen.

Das Thema geht uns alle an

Die Psychologie der Wertschätzung unterliegt der Gefahr, als Kuschelthema oder Programm für Weicheier und Warmduscher, als Nachhilfe für Sensibelchen und Psychos entwertet zu werden. Tatsächlich geht es dabei um oft erstaunlich einfache und selbstverständliche Dinge, welche aber – o Wunder – in den alltäglichen menschlichen Begegnungen ignoriert werden und gesellschaftlich ständig an Ansehen verlieren.

Mit diesem Buch habe ich mir zum Ziel gesetzt, Sie, liebe Leserinnen und Leser, Schritt für Schritt für das Thema Wertschätzung zu sensibilisieren – ganz ohne Schulmeisterei und erhobenen Zeigefinger, denn beides wäre nicht wertschätzend.

Neben der Beschreibung des Wesens dieser immer weniger geschätzten Haltung werden die Folgen fehlender Wertschätzung – von Selbstwertzweifeln bis zu Burn-out und von Unzufriedenheit am Arbeitsplatz bis hin zu Racheakten – ebenso beschrieben wie die versäumten Chancen durch unterbleibende Anerkennung. Besondere Beachtung findet die Interaktion zwischen der Wertschätzung, die wir anderen entgegenbringen, und dem eigenen Selbstwert, das heißt, wir beschäftigen uns mit dem Effekt einer anerkennenden Haltung sowohl auf die Motivation der Mitmenschen als auch die Steigerung des Eigenwertes. Schon der Philosoph Georg Wilhelm Friedrich Hegel (1770–1831) hat in seiner »Phänomenologie des Geistes« festgestellt, dass sich jegliche Form des Selbstbewusstseins ausschließlich in der Anerkennung des jeweils anderen entwickeln kann.

Eine neue Kultur der Wertschätzung wird nur möglich sein, wenn wir bei uns selbst und unserem Umfeld beginnen: Indem wir uns des eigenen Wertes bewusst sind, unser Bedürfnis nach Anerkennung ernst nehmen und Wertschätzung einfordern, stärken wir den Selbstwert und entwickeln eine wertschätzende Haltung.

Weil der Mensch positive Zuwendung und bestärkende Resonanz braucht, hat er ein Recht auf diese »emotionale Muttermilch«. Nicht umsonst ist die Wahrung der menschlichen Würde, welche sich maßgeblich durch Wertschätzung ausdrückt, in den Grund- und Menschenrechten verankert. Wie es aber bei der Klimakatastrophe nicht genügt, auf eine neue Eiszeit zu warten, müssen wir der emotionalen Abkühlung aktiv entgegentreten. Eine Kultur der Wertschätzung kann nur entstehen, wenn sie gegeben und gefordert wird. Unweigerlich fördern wir dadurch in der Gesellschaft wahrhaft menschliche Gefühle wie Einfühlungsvermögen, Sympathie oder Mitleid und stärken gleichzeitig unseren Eigenwert. In einer emotional verkümmernden Gesellschaft, in der als Erstes die Kultur der Wertschätzung unter die Räder kommt, sollten diese wichtigen Werte wieder mehr gelebt und eingefordert werden. Das emotionale Klima soll wieder wärmer werden. Letztlich geht es deshalb in diesem Buch um nichts anderes als um die Wertschätzung der Wertschätzung.

Der Mensch – das empathiebedürftige Wesen

»Das Gefühl kann viel feinfühliger sein als der Verstand scharfsinnig.«
VIKTOR FRANKL

Der Mensch ist von Anfang an – seit es ihn auf der Erde gibt und bereits im Mutterleib – auf positive Zuwendung angewiesen. Sein Wesen wird ein Leben lang beherrscht von einem Urbedürfnis nach all dem, was in dem Begriff Liebe enthalten ist. Ohne die drei großen Z – Zuwendung, Zärtlichkeit, Zeit – ist eine gesunde psychische Entwicklung nicht möglich. Wenn Eltern ihren Kindern mit Fürsorge und Liebe begegnen, fördern sie deren Selbstwertgefühl. Je beschützter sich ein Kind fühlt, desto höher wird seine Selbstsicherheit sein, und je tiefer es seine Geborgenheit empfindet, desto empathischer fallen später die eigenen Gefühlsreaktionen aus.

Durch vorgelebte Zuwendung und Zärtlichkeit bieten die Bezugspersonen und Erzieher ein Vorbild für anteilnehmendes Verhalten. Diese Erfahrungen wurden wissenschaftlich durch die »Bindungstheorie« und durch das »Lernen am Modell« empathischer Eltern bestätigt. Beide Ansätze beruhen auf einer emotional getragenen Sichtweise auf die Eltern-Kind-Beziehung. Nach der für die Kinder- und Entwicklungspsychologie sehr befruchtenden Bindungshypothese ist jedem Menschen das Bedürfnis nach engen und emotional tief gehenden Beziehungen zu anderen angeboren.

Für das menschliche Individuum können positive Feedbacks, Anerkennung und Wertschätzung auch im Verlauf des weiteren Lebens von existenzieller Bedeutung sein. Wenn ihm diese emotionalen Zuwendungen vorenthalten werden, kommt es nahezu regelhaft zu Krisen. Auf Dauer leiden Selbstwert und Selbstsicherheit, das Vertrauen in sich und andere schwindet, Gefühle der Enttäuschung und des Zweifels nehmen überhand. Das zeigt eindrücklich das folgende Beispiel. Der Vorname ist – wie in allen anderen Geschichten auch – geändert.

Die 300-Euro-Katastrophe

Am Morgen eines jener Herbsttage, die man als golden bezeichnet, stürzte der etwa 50-jährige Martin unangemeldet in mein Büro, völlig aufgelöst und bis auf Brusthöhe durchnässt. Unten im Tal, wo noch Nebel lag, wollte er sich das Leben nehmen und ging – er war Nichtschwimmer – ins Wasser. Wie im Drehbuch eines kitschigen Films rissen im letzten Moment die Schwaden auf, und der Blick des weit im Fluss stehenden Mannes fiel auf unser von der Morgensonne bereits angestrahltes Krankenhaus, das auf halber Bergeshöhe steht. Dorthin wollte er vor dem Abschied noch gehen, um vielleicht doch einen Ausweg zu finden.

Martin litt an keinen Alkohol- oder Drogenproblemen, keiner Spielsucht und keinen sonstigen psychischen Erkrankungen, nicht einmal an Burn-out oder Angstzuständen. Er war körperlich kerngesund und hatte auch früher nie mit psychischen Problemen zu kämpfen. Seine Partnerschaft war intakt, mit den Kindern gab es keine Schwierigkeiten. Er lebte in wohlhabenden Verhältnissen, hatte eine schöne und sichere Stelle und blickte in eine sorgenfreie Zukunft. Martin fehlte es an nichts. In seinem Leben gab es nur ein einziges Problem: Am vergangenen Jahreswechsel wurden in seiner Firma Bonuszahlungen in der Größenordnung von 300 Euro an verdienstvolle Mitarbeiter verteilt. Nicht aber an ihn. Ohne Begründung. Er hätte das Geld gar nicht gebraucht, das Ganze war eine Kleinigkeit, kein Mensch machte sich deswegen Gedanken oder redete darüber. Er aber begann zu grübeln. Weshalb die anderen, wieso nicht auch ich? Ist die Führungsetage mit mir nicht zufrieden? Mag man mich nicht? Ist das nicht eine Ungerechtigkeit sondergleichen? Er wollte die Vorgesetzten zur Rede stellen, seine Enttäuschung allen kundtun, die »Sauerei« hinausschreien. Aber er traute sich nicht, es war ja eine Bagatelle, es war ja peinlich, mit so etwas nicht fertigzuwerden und seine Betroffenheit zu zeigen.

Niemandem erzählte Martin von seinem Frust, nicht einmal seiner Frau, er behielt die Kränkung ganz für sich. Er begann zu zweifeln, an der Welt und an sich, war unfähig, sich von den bedrückenden Gedanken zu lösen. Bald konnte er nicht mehr schlafen, er wurde grüblerisch und freudlos. So wollte er nicht mehr leben, der Zermürbungsprozess nahm seinen Lauf und führte Martin zunächst in den Fluss und schließlich in mein Büro.

In dieser Geschichte ist viel von dem enthalten, was fehlende Wertschätzung auslösen kann: Angst vor Liebesverlust, Verletzung des Gerechtigkeitsempfindens, Gefühl der mangelnden Anerkennung – und verheerende Folgen durch eine scheinbare Kleinigkeit. Als besonders kränkend empfand Martin, dass ihm niemand eine Erklärung gegeben und keiner seine Kränkungsreaktion bemerkt hatte. Und da er sich niemandem mitteilte, lief der ganze dramatische Prozess in seiner inneren Welt ab und blieb später ein Geheimnis zwischen Patient und Therapeut. Deshalb darf dieses eindrucksvolle Beispiel über die Folgen unterlassener Wertschätzung und die Macht der Kränkung mit Erlaubnis des Betroffenen überhaupt erzählt werden. Heute geht es Martin nach erfolgreicher Therapie wieder sehr gut. Seine Geschichte zeigt aber, welch lebensbedrohliche innerpsychische Vorgänge sich – unbemerkt von der heilen Welt – hinter der Fassade eines intakten bürgerlichen Lebens abspielen können.

Worauf können wir Menschen nun zurückgreifen, wenn wir uns wertschätzend verhalten wollen?

Unsere emotionale Grundausstattung

Der Mensch ist nicht nur ein denkendes und handelndes, ein rationales und sprechendes, ein aggressives und spielendes, ein kommunikatives und transzendentales Wesen, er ist vor allem auch ein emotionales und empathisches Wesen.

Die Fähigkeit, sich in andere einzufühlen, ihre Empfindungen und Gedanken zu erspüren sowie ihre Bedürfnisse und Motive nachzuvollziehen, also die Empathie, unterscheidet den Menschen von anderen Geschöpfen und von Maschinen.

Durch sein ganzes Leben bleibt der Mensch ein liebes- und liebensbedürftiges Wesen, das heißt, er will Zuwendung und Anerkennung nicht nur empfangen, sondern auch an andere weitergeben. Um diese spezifisch menschlichen Bedürfnisse erfüllen zu können, um aktive und passive Emotionalität zu vereinen, muss er in sich selbst hineinhorchen und sich in andere hineinfühlen können. Grundvoraussetzung der Empathie ist die Selbstempathie, denn die Bewertung fremder Innenwelten hängt ab von den eigenen Gefühlen, Einstellungen und Werten.

Zur Empathie gehört auch, das Innenleben anderer überhaupt wahrnehmen zu können. Erst damit gelingt es, Denken, Fühlen und Motivation anderer Personen sowie deren Wesensart zu erkennen, zu verstehen und darauf mitfühlend zu reagieren. Nach einer Definition der deutschen Psychologin Lena Funk[1] umfasst Empathie »das nicht wertende Eingehen und echte Verständnis der Mitmenschen, egal welcher Herkunft oder Meinung«. Empathie sensibilisiert den Menschen für die Gefühlslage anderer, sodass er deren Überlegungen und Bedürfnisse zumindest ein Stück weit nachempfinden kann. Je differenzierter und tiefer dies möglich ist, desto empathischer ist ein Mensch. Ein Gefühlsaustausch zwischen Individuen setzt voraus, sich jeweils in die Haut des anderen versetzen zu können, sodass »ich fühle, wie du fühlst«.

Der Begriff der Empathie, der vom griechischen Wort für »Leidenschaft« oder »intensive Gefühlsregung« herrührt, tauchte in der Philosophie erstmals bei dem deutschen Philosophen Rudolph Hermann Lotze (1817–1881) auf. Später wurde Empathie im Sinne der »Einfühlung als innerpsychischer Prozess« verwendet.

Eine besonders interessante Interpretation des Empathiebegriffs stammt von der britischen Schriftstellerin Violet Paget (1856–1935), welche vom Phänomen der Identifikation fasziniert war und sich auch mit der Besessenheit auseinandergesetzt hat. Bezeichnenderweise publizierte sie ihre fantastische Literatur unter einem Pseudonym, dem Namen Vernon Lee. Unter der Vorstellung, dass die Persönlichkeit durch die Identitäten Verstorbener geformt werden kann, beschrieb Paget Empathie als »Projektionen unserer Energien, Handlungen und Gefühle«.

Verschiedene Künstler beschäftigten sich mit der Empathie als Möglichkeit, die Bedeutung ästhetischer Objekte zu erfassen.

Die heutige Bedeutung hat der Empathiebegriff im Wesentlichen durch Sigmund Freud (1856–1939) erhalten, der das Einfühlen in andere als Möglichkeit der Erkundung all dessen definierte, was dem eigenen Ich fremd ist. Aus der Kinderpsychologie stammt die Erkenntnis, dass der Mensch erst zwischen dem 5. und 9. Lebensjahr fähig ist, eine andere Perspektive zu übernehmen und dadurch empathisch zu werden.

Richtigen Aufschwung erhielt das Konzept der Empathie durch den amerikanischen Psychologen und Psychotherapeuten Carl Rogers (1902–1987), den Hauptvertreter der Humanistischen Psychologie. In der von ihm entwickelten klientenzentrierten Psychotherapie gilt die Einfühlung – neben bedingungsloser Wertschätzung und Echtheit des Verhaltens – als wichtigstes Element aller therapeutischen Prozesse. Der Therapeut soll Erlebensweise und Probleme seines Klienten aus dessen Sicht einfühlsam verstehen und seine Eindrücke mit ihm in wahrhaftiger Form kommunizieren. Dadurch kann sich der Hilfe suchende Mensch seiner eigenen Person wertschätzend zuwenden und an der Stärkung seiner Persönlichkeit arbeiten.

Voraussetzung für empathisches Verhalten, darin sind sich alle psychotherapeutischen Richtungen einig, ist die Selbstwahrnehmung. Ohne Kenntnis der eigenen Emotionen ist es gar nicht möglich, jene anderer Menschen zu erfühlen. Je besser wir die eigenen Gefühle und inneren Abläufe erspüren können,

Humanistische Psychologie

Unter Humanismus ist eine geistige Strömung zu verstehen, deren Kern darin besteht, den Menschen als lern- und entwicklungsfähig zum Besseren hin zu betrachten. Die Humanistische Psychologie, insbesondere die im Wesentlichen von Carl Rogers entwickelte klientenzentrierte Psychotherapie, baut auf dieser Grundhaltung auf. Rogers geht davon aus, dass der Mensch die Fähigkeit besitzt, sich selbst zu verstehen und sich ein Bild von sich selbst zu machen. Dieses »Selbstkonzept« kann er oder sie dann aber immer wieder verändern und vervollkommnen. Das wird vor allem dann nötig, wenn ein solches Konzept durch plötzliche Ereignisse (zum Beispiel Verlust des Arbeitsplatzes, Tod eines nahestehenden Menschen) oder äußere Veränderungsprozesse (Älterwerden, gesellschaftlicher Wandel) erschüttert wird. In solchen Fällen kommt dem Veränderungspotenzial des Menschen ein heilender Charakter zu, und an diesem Punkt setzen die Humanistische Psychologie und die auf ihr aufbauenden Therapieformen an. Sie unterstützen dabei, die eigenen psychischen Selbstheilungskräfte zu aktivieren und einzusetzen.

desto sensibler werden wir für Empfindungen, Emotionen und Gedanken anderer sein.

Spätestens seit der frühere amerikanische Präsident Barack Obama im Jahr 2006 in einer Rede an der Northwestern University von Chicago von einem »Empathiedefizit unserer heutigen Gesellschaft« gesprochen hat, wird das Thema ernst genommen und hat sich weit über die Psychotherapie und Pädagogik hinaus etabliert. Heute ist der Empathiebegriff aus psychologischen, theologischen und politischen Schriften und Reden nicht mehr wegzudenken. Darüber hinaus hat er sich in Bezug auf Kunden und Mitarbeiter auch in den Bereichen Marketing und Management etabliert.

Mitleid – eine ganz besondere Form der Empathie

Empathie ist, obwohl die Begriffe oft gleichsinnig verwendet werden, nicht ganz dasselbe wie Mitleid, diesem in seiner positiven Ausrichtung aber sehr ähnlich. Während sich Mitleid auf traurige Schicksale, belastende Zustände und bedrückende Emotionen bezieht, umfasst der neutralere Oberbegriff der Empathie alle Arten der Emotionalität, also auch Freude und Euphorie oder Ärger und Neid. Mitleid drückt in erster Linie Sorge, Anteilnahme und Kummer aus und ist deshalb als empathische Reaktion auf entsprechende Situationen zu sehen. Empathie hingegen befähigt uns auch zur Mitfreude oder dazu, den Ärger von jemandem nachzuvollziehen.

Allerdings wird das Mitleid, welches im Zusammenhang mit Moral und Ethik in allen Religionen große Bedeutung hat, recht unterschiedlich beurteilt. Teilweise gilt es als ethisch neutrales Gefühl, manchmal als reine »Gefühlsansteckung«, für andere wiederum als Grundlage der Moral oder als einzige Form der Liebe. Teilweise wird Mitleid aber auch sehr kritisch betrachtet, insbesondere in manchen philosophischen Richtungen.

Die stoische Philosophie etwa lehnt mit ihrer Distanzierung von allen Affekten (Gefühlsäußerungen) auch das Mitleid ab, da man jedem Unglück, dem eigenen wie dem fremden, emotionslos begegnen müsse. Die christlichen Philosophen des Mittelalters dagegen sehen im Mitleid die entscheidende Vorstufe der Barmherzigkeit und einen Hauptbestandteil der Nächstenliebe. Andere Philosophen beurteilen das Mitleid als eine Art der Trauer negativ. Der als großer Theoretiker des Mitleids geltende Arthur Schopenhauer (1788–1860) kommt dem psychologischen Verständnis von Mitleid sehr nahe, wenn er es als ursprüngliches menschliches Gefühl interpretiert. Da es ein Gegengewicht zum Egoismus darstelle und eine Identifikation mit allen leidensfähigen Wesen ermögliche, sei es als Grundlage der Moral geeignet. Schopenhauers Überlegungen haben heute übrigens Eingang in die Tierethik gefunden und bilden gewissermaßen ein theoretisches Gerüst für den Tierschutz beziehungsweise den wertschätzenden Umgang mit anderen Kreaturen.

Viele kluge Köpfe haben sich Gedanken über das Mitleid gemacht. Im Zusammenhang mit dem Thema Wertschätzung ist sie als besondere und besonders wichtige Form der Empathie einzustufen.

Der bekannteste Mitleidsgegner ist wohl Friedrich Nietzsche (1844–1900), der Mitleid als »Bedürfnis der Unglücklichen« bezeichnet. Denn mitleidsvolle Menschen wollen nach seiner Ansicht ihre eigenen Schwächen überspielen und durch Demonstration ihres Leidens Macht über andere gewinnen.

Im Kontext der Wertschätzung hat der Mitleidsbegriff hohen Stellenwert. Hier ist er nicht neutral oder gar negativ zu betrachten, sondern in seiner mitfühlenden, seiner im wahrsten Sinn des Wortes mitleidenden, seiner eigentlich menschlichen Bedeutung zu verstehen. Es gilt das Wort des Kirchenlehrers Augustinus (354–430): »Was aber ist Mitleid anderes als das Mitempfinden fremden Elends in unserem Herzen, durch das wir jedenfalls angetrieben werden, zu helfen soweit wir können?«

Empathie kann übrigens auch nicht mit Sympathie gleichgestellt werden. Denn Sympathie setzt, wie der Name sagt (»sym« bedeutet »mit«), Gleichartigkeit im Fühlen und Empfinden, auch in der Einstellung und im Bewerten voraus. Empathie hingegen ist neutral, sie erfordert nicht von vornherein eine Übertragung eigener positiver Erwartungen oder Gefühle auf die andere Person.

Einfühlen, eindenken, einleben – Konzepte der Empathie

Wissenschaftlich wird die Empathie nicht als Emotion im eigentlichen Sinne, sondern als Reaktion auf die von uns wahrgenommenen Gefühle anderer Menschen interpretiert. Im Wesentlichen haben sich in der Forschung verschiedene Konzepte durchgesetzt, welche in einer gewissen Gegenposition zueinander stehen. Alle diese Ansätze, von denen ich drei im Folgenden vorstelle, enthalten im Kern jedoch einen Wertschätzungsaspekt.

1. **Emotionale Empathie** oder emotionale Sensitivität bezieht sich auf das Mitgefühl, auf die Fähigkeit, in derselben Weise wie ein Gegenüber zu fühlen. Manche Forscher bezeichnen diese Form, die besonders in der Pädagogik und Psychotherapie im Zentrum steht, als authentische Empathie.
2. **Kognitive Empathie** hingegen zielt auf Gedanken, Motive und Urteile anderer Menschen ab. Sie betrifft die Fähigkeit, sich in die Ideenwelt und geistige Perspektive des Gegenübers zu versetzen. Deshalb wird sie in Werbung und Verhandlungstechniken, in Mitarbeiterschulungen und im Management besonders vermittelt. Mit dem Forschungsansatz der kognitiven Empathie wurde das Modell der Identitätsbalance entwickelt, welches unter anderem in der

Führungspsychologie von Bedeutung ist. Mit ihrer Hilfe soll es gelingen, ein Gleichgewicht zwischen der eigenen Identität und der anderer Individuen herzustellen. Kommunikation gelingt, wenn Bedürfnisse anderer berücksichtigt werden, ohne dass die eigenen zu kurz kommen. Um dies zu erreichen, ist Empathie erforderlich.

3. **Soziale Empathie** soll es schließlich ermöglichen, Werte und Wesen von Menschen unterschiedlicher Kulturen zu erfassen, um einen toleranten und konstruktiven Umgang zu garantieren. Wenn im Zeitalter der großen Migrationsbewegungen, in dem wir leben, über den Empathiemangel der Politiker geklagt wird, ist diese Form der sozialen Kompetenz gemeint.

Da die Empathie mehr als eine Emotion ist und sich ein so komplexes und vielschichtiges Phänomen ohnehin nicht restlos erfassen lässt, ist die im Wissenschaftsbereich sinnvolle Abgrenzung in der Realität des psychischen Lebens nicht möglich. Die Übergänge zwischen emotionaler, kognitiver und sozialer Empathie sind fließend, und die Bereiche überschneiden sich. Echte Empathie wird alle drei Aspekte enthalten, wobei für die Wertschätzung der emotionale Teil am wichtigsten ist.

Zeigt sich Empathie in Genen und Gehirn?

In der etablierten Wissenschaft haben erst die Ergebnisse der Gen- und Hirnforschung dem Empathiethema zum Durchbruch verholfen. Letzterer ist es gelungen, im zentralen Nervensystem mehrere Regionen zu identifizieren, welche für das Einfühlungsvermögen zuständig sind. Das im Großhirn gelegene sogenannte Brodmann-Areal 44 sei für die emotionale Empathie maßgebend, die Areale 10 und 11 für die kognitive Empathie. Auch unterschiedliche Aktivitäten in der vorderen Hirnrinde und in den für die Emotionen zuständigen Amygdala-Kernen beeinflussen die Empathie.

Am populärsten geworden sind die Forschungen über die Spiegelneurone, also jene hochdifferenzierten Hirnzellen, welche uns vermitteln können, wie andere fühlen. Dazu passend ließ sich mithilfe der funktionellen Kernspintomografie nachweisen, dass Einfühlen in andere im Hirn dieselben Reaktionen auslöst wie das Wahrnehmen eigener Gefühle. Schon das Beobachten eines leidenden Gesichtsausdrucks aktiviert somit dieselben Hirnareale wie persönliches Leidensgefühl.

Vor Kurzem konnten amerikanische und chinesische Forscher einen Einfluss des für das sogenannte Kuschelhormon Oxytocin zuständigen Gens auf empathisches Verhalten nachweisen. Dieses Hormon wird unter anderem beim Geburtsprozess ausgeschüttet und sorgt für die enge Beziehung zwischen Mutter und Kind. Damit lässt sich auch der geschlechtsspezifische Unterschied, wonach Frauen empathischer als Männer sind, nachvollziehbar erklären.

Kann man Empathie messen?

Von wissenschaftlicher Seite wurde ferner versucht, Art und Ausprägungsgrad der Empathie durch testpsychologische Messinstrumente beziehungsweise -methoden zu erheben. Wenngleich derartige Untersuchungen nur Teilaspekte der nicht wirklich messbaren Empathie liefern können, haben sie doch interessante Detailergebnisse erbracht. So konnte nachgewiesen werden, dass Empathie mit der Höhe der Intelligenz, der kognitiven Leistungsfähigkeit, mit den rhetorischen Fähigkeiten und mit der emotionalen Stabilität positiv korreliert, das heißt, je ausgeprägter eine dieser Eigenschaften, desto größer die Empathiefähigkeit. Empathische Menschen sind in vielen Bereichen intelligenter und in Stimmung sowie Verhalten ausgeglichener als gefühlsarme Personen, was auf die Bedeutung der Gelassenheit im Zusammenhang mit der Wertschätzung hindeutet.

Nach diesen Forschungsergebnissen sei – umgekehrt – fehlende Empathie oft mit Intoleranz, Vorurteilen und Stereotypenbildungen verbunden. Empathiedefizite konnten bei Menschen mit aggressiven Verhaltensweisen und antisozialen Persönlichkeitsstörungen nachgewiesen werden. Interessanterweise mangelt es sadistischen Sexualtätern an kognitiver Empathie, nicht aber an emotionaler Einfühlungsfähigkeit. Das erklärt denn auch die Grausamkeit eines nur scheinbar gefühllosen Sadisten, welcher ganz genau spürt, womit er seine Opfer besonders quälen und erniedrigen kann. Dies zeigt eindrücklich die folgende Fallgeschichte eines Mörders.

Maximaler Schmerz

Ein 47-jähriger Angestellter, nennen wir ihn Fridolin, mehrfach geschieden und zuletzt partnerlos lebend, hatte über das Internet die große Liebe gefunden und zog bald mit seiner neuen Lebensgefährtin und deren fünf Kindern zusammen. Nach zwei Jahren geriet die Beziehung in eine Krise, die Frau wollte sich trennen, er musste den gemeinsamen Wohnsitz verlassen. All seine Versuche, sie wieder zurückzugewinnen, schlugen fehl. Weder mit Bitten und Betteln noch mit Drohungen hatte er Erfolg. Wegen Stalkings wurde er angezeigt und zu einer bedingten Strafe (entspricht in Deutschland etwa der Bewährungsstrafe) verurteilt. An einem Mittag lauerte Fridolin der 16-jährigen Tochter seiner ehemaligen Lebensgefährtin auf, lockte das Mädchen in seinen Pkw und fuhr mit ihr in einen Steinbruch, wo er sie erschlug. Befragt nach seinem Motiv, antwortete er völlig ungerührt: »Es war ihr Lieblingskind, damit konnte ich ihr den maximalen Schmerz bereiten.«

Verschiedene psychische Störungen sind, dies ist eindeutig nachzuweisen, mit Empathiemangel oder -verlust verbunden. Bei psychopathischen Persönlichkeitsstörungen liegt ebenso wie beim krankhaften Narzissmus (siehe Seite 28 und 115 bis 121) ein Empathiedefizit vor. Delinquentes Verhalten resultiert oft aus fehlender Empathie, und fast alle Kriminalitätsarten werden durch niedrige Empathiefähigkeit der Täter begünstigt.

Auch viele wissenschaftliche Studien belegen die Bedeutung der Empathie für guten mitmenschlichen Umgang. Die am Beginn dieses Buches beklagte emotionale Kälte unserer Gesellschaft ist jedenfalls auf den auch empirisch belegten Rückgang der Empathie, vornehmlich bei der jüngeren Generation, zurückzuführen. Nach einer Untersuchung der Psychologin Sara Konrath von der University of Michigan (2011)[2] sind die Empathiewerte innerhalb von 30 Jahren um 40 Prozent zurückgegangen. Dies erklärt die Autorin als Folge der digitalen Revolution und mit einem ersichtlichen Ziel- und Wertewandel, mit Wirtschaftsliberalismus und Ablehnung des Sozialstaates. Da die junge Generation mit gewalttätigen Computerspielen und der scharfen Konkurrenzatmosphäre von Realityshows aufgewachsen sei, habe sie sich gegenüber Gefühlen anderer abgestumpft. Die »Generation Me« sei »selbstzentriert, narzisstisch, konkurrierend und individualistisch« geworden. Die wachsende Selbstwertschätzung sei, so das resignative Resümee, von einer entsprechenden Abwertung der anderen begleitet.

Die emotional verhungernde Gesellschaft

»Während unsere Seele voll Gefühl ist,
sind unsere Reden voll Zweckmäßigkeit.«
LUC DE CLAPIERS, MARQUIS DE VAUVENARGUES

Jeder Mensch braucht Wertschätzung, er ist auf Zuwendung und positive Emotionen angewiesen. Inwieweit er diese in ausreichender Art und Menge erhält, ist von seinen individuellen Bezugspersonen, dem Milieu, in dem er aufwächst, und seiner lebensgeschichtlichen Entwicklung abhängig, aber auch von der »Großwetterlage«, der gesellschaftlichen Stimmung. Je nach Werteinstellung in Kultur, Zeitgeist, Politik und Gesellschaft wird der Umgang mit der Emotionalität geprägt. Bedeutend ist, wie sich die jeweilige Gesellschaftskultur zum Gefühlsleben stellt, wie das Verhältnis zwischen Rationalität und Emotionalität gesehen wird und welchen Wert individuelle Gefühle und allgemeiner Gefühlsausdruck haben. Ist es »in«, seine Emotionen zu zeigen, wenn ja, in welcher Form? Darf ein Mann weinen, oder hat ein Indianer keinen Schmerz zu zeigen? Werden Affekte bei Frauen genügend ernst genommen oder von vornherein als »hysterisch« abgetan? Sind Gefühle reine Privatsache, und soll sie deshalb jeder möglichst bei sich behalten? Ist es cool, sich in der zwischenmenschlichen Kommunikation möglichst abgebrüht und distanziert zu geben, oder schickt es sich, seine Sensibilität zu zeigen? Welche Bedeutung haben Gefühle in der Erziehung, und wie ist das mit der emotionalen Intelligenz zu verstehen?

All das sind Fragen, die mit dem, was man als »gesellschaftliche Emotionalität« bezeichnen könnte, zu tun haben.

Heute läuft hier einiges schief, zumindest im Hinblick auf die Wertschätzung. Wird etwa über gesellschaftliche Umbrüche und Herausforderungen, über die Revolutionen durch Digitalisierung und Globalisierung, über Umgestaltungen der Welt und nicht absehbare Entwicklungen diskutiert, fehlt meist jeglicher Gedanke über Veränderungen auf der Gefühlsebene. Eigenartigerweise wird aber jener Bereich, der individuell wichtiger ist als der Verstand und der das menschliche Wesen im Kern ausmacht, weitgehend ausgeblendet oder an den Rand gedrängt. In einer immer rationaler funktionierenden, auf Fortschritt, Leistung und Gewinn bedachten Welt wird dem psychischen Urbedürfnis nach positiver Zuwendung wenig Rechnung getragen, die emotionale Ausstattung verkümmert zusehends.

Obwohl die meisten Menschen ihre Sehnsucht nach Liebe betonen und im Glück das Ziel des Lebens sehen, verliert die innere Heimat dieser Werte, die Emotionalität, an Ansehen und Wert.

Nachdem aber positive Gefühle wie Sympathie, Mitleid oder Einfühlungsvermögen Voraussetzung von Achtung und Anerkennung sind, führt die aktuelle Entwicklung unweigerlich auch zu einer Krise der Wertschätzung. Die Gesellschaft scheint emotional zu verarmen. Für diese Entwicklung, die man ganz wesentlich mit Hochtechnisierung und Digitalisierung in Verbindung bringen muss beziehungsweise als deren Nebenwirkung bezeichnen kann, scheinen sieben wesentliche Gründe verantwortlich zu sein, mit denen wir uns in diesem Kapitel beschäftigen wollen.

Leben im Zeitalter des Narzissmus

Zunächst ist im Zusammenhang mit dem herrschenden Zeitgeist der auch in wissenschaftlichen Studien belegte Trend zu übertriebener Selbstverwirklichung, Selbstdarstellung und

Selbstverherrlichung auf Kosten anderer zu nennen. Das Zeitalter, in dem wir leben, kann man deshalb mit Fug und Recht als das »narzisstische« bezeichnen. Und in der Zunahme und rasanten Verbreitung des Narzissmus ist eine der Hauptursachen für den gesellschaftlichen Niedergang der Wertschätzung im 21. Jahrhundert zu sehen.

Narzissmus

Der Begriff geht zurück auf eine Figur aus der griechischen Mythologie. Der schöne Jüngling Narziss ließ alle Verehrer und Verehrerinnen gnadenlos abblitzen, wofür ihn die Göttin Artemis mit unstillbarer Selbstliebe strafte: Als Narziss in einen Teich blickte, verliebte er sich unsterblich in sein eigenes Spiegelbild.

Der Begriff Narzissmus bezieht sich in der Psychologie einerseits auf eine notwendige kindliche Entwicklungsstufe und eine gesunde Selbstliebe. Andererseits bezeichnet er eine Persönlichkeitsstörung, die von übermäßiger Selbstbezogenheit geprägt ist.

Narzisstisches Verhalten gab es natürlich auch früher schon. Zu einer »Demokratisierung«, das heißt zur Etablierung einer narzisstischen Haltung in weiten Teilen der Gesellschaft, ist es jedoch mit der digitalen Revolution um die Jahrtausendwende gekommen. Denn die Digitalisierung bietet den Menschen neue Möglichkeiten, schneller zu verkaufen, sich schneller zu informieren, sich vor der ganzen Welt selbst darzustellen … Wir fühlen uns wichtiger. Auch andere technische, vor allem medizinische, Fortschritte unterstützen diesen Trend. Wir Menschen haben heute allen Grund, uns selbst mehr wertzuschätzen.

Allerdings: Mit der berühmten Vorlesung »Zur Einführung des Narzissmus« im Jahr 1913 hat der Urvater aller Psychos, Sigmund Freud (1856–1939), diesen zu einer psychischen Störung erklärt. Diese hat später als »narzisstische Persönlichkeitsstörung« Einkehr in die großen Diagnoseverzeichnisse psychischer Krankheiten gefunden. Heute hingegen wird Narzissmus nicht als Störung angesehen, sondern als gesellschaftliches Ideal, das von vielen angestrebt wird.

Wie sehr der narzisstische Geist die ganze Gesellschaft durchdrungen hat, zeigt sich in der »Selfiemanie«, der suchtartigen Verbreitung seiner Selbstbildnisse im großen Netz, in der masochistischen Eigendarstellung bei vielen Castingshows, in den durch die Schaffung narzisstischer Scheinwerte bedingten Wirtschafts- und Bankenkrisen, in der zunehmenden Verwendung narzisstischer Drogen wie Ecstasy oder Kokain und im wenig wertschätzenden Umgang mit der Natur. Auch wissenschaftliche Untersuchungen, mit denen Einstellungen und Lebensziele der Bevölkerung gemessen werden, belegen den Siegeszug des Narzissmus.

Die Ego-AG ist ganz in den Mittelpunkt gerückt, »Ich, icher am ichesten« ist für viele zur Devise geworden.

Papst Franziskus hat sogar einen »theologischen Narzissmus« festgestellt. Schon bei seiner Wahl 2013 kritisierte er: »Die Übel, die sich im Laufe der Zeit in den kirchlichen Institutionen entwickeln, haben ihre Wurzel in dieser Selbstbezogenheit. Es ist ein Geist des theologischen Narzissmus.« Später bekräftigte er die destruktive Wirkung einer narzisstischen Haltung wiederholt, etwa in der Weihnachtsansprache 2014 vor der Kurie: »Es ist die Krankheit des reichen Toren aus dem Evangelium, der glaubte, ewig zu leben, und derer, die sich zu Herren machen und sich allen überlegen fühlen statt im Dienste an allen. Sie rührt oft von der Sucht nach Macht und vom ›Komplex der Erwählten‹, vom Narzissmus, der leidenschaftlich das eigene Ebenbild betrachtet.«

Die Digitalisierung der Emotionen

Eine weitere Ursache für den Niedergang der Wertschätzung ist in der Digitalisierung der Kommunikation zu finden. Hinter den grandiosen Möglichkeiten der Vernetzung und des Informationsaustausches bleibt die emotionale Komponente auf der Strecke. Mögen Smileys und Emoticons immer vielfältiger und differenzierter werden, können sie doch nie echte Emotionen und zwischenmenschlichen Gefühlsaustausch ersetzen. Auch allerbeste Programme bieten keine ganzheitliche Erfassung des Menschen mit seinen individuellen Persönlichkeitszügen, seinen charakteristischen Ausdrucksweisen und mit seiner emotionalen Differenziertheit. Genau dies ist aber Voraussetzung für jegliche wertschätzende Begegnung. Computer und Roboter können viele Funktionen übernehmen und das menschliche Original in immer mehr Bereichen weit übertreffen. Ihre Leistungsfähigkeit ist unendlich größer, ihr Arbeitstempo viel höher, der Wissens- und Gedächtnisspeicher unbegrenzt. Bald werden sie mit der künstlichen Intelligenz sogar jene geistige Fähigkeit besitzen, welche bisher dem Menschen vorbehalten schien.

Emotionale Übertragung ist nur bei Begegnungen von Angesicht zu Angesicht möglich und lässt sich niemals an eine Maschine delegieren.

Niemals aber wird ein Rechner oder ein noch so humanoid gestalteter Roboter zu echter Emotionalität, zu Sympathie, Mitleid, Barmherzigkeit und Wertschätzung fähig sein. Gelingt es auch dem dänischen Architekten Bjarke Ingels, dem Meister der hedonistischen Architektur, lächelnde Häuser zu bauen, entsteht kein Ersatz für echte Emotionen. Likes in noch so hoher Zahl können nie dieselbe emotionale Befriedigung hervorrufen wie ein warmes Lächeln oder ein von Herzen kommendes Lob. Wenn wir nun auch noch unsere Emotionen digitalisieren wollen, werden wir zu Analphabeten des Gefühlsausdrucks.

Sucht nach Skandalen und Beschämung

In- und außerhalb der sozialen Medien wird jetzt öfter vor einer Unkultur des Skandalisierens, der Entwertung und Beschämung gewarnt. Für die mediale Welt war das Interesse an »Bad News« immer schon wichtig, die neuen Medien aber stacheln dies in nie da gewesener Heftigkeit an und befriedigen die Skandalisierungs- und Beschämungslust nach allen Regeln der Kunst. Das Verlangen der Konsumenten nach Katastrophenberichten scheint unersättlich. In Internetforen und Chatrooms zeigt sich die Gier, andere zu entwerten und auf gehässige Art niederzumachen, in vollem Ausmaß. Verbale Bösartigkeit statt tätlicher Aggression, anonyme Hinterhältigkeit statt offener Gegnerschaft. Dies hat manchmal tragische Folgen.

Folgenschweres Foto

Die kanadische Schülerin Amanda nahm sich im Alter von 16 Jahren das Leben. Sie war von einem ihr nicht bekannten Chatpartner überredet worden, ihm ein Foto ihrer entblößten Brüste zukommen zu lassen. Ihr Gegenüber erpresste sie damit, stellte das Nacktbild ins Internet und schickte es an ihre Mitschüler. Diese eröffneten eine Hetzjagd und terrorisierten Amanda Tag und Nacht über virtuelle Medien und Telefon. In ihrer Verzweiflung griff sie zu Alkohol und Drogen, nahm erfolglos Antidepressiva, verletzte sich wiederholt selbst und wechselte mehrmals die Schule. Als das Cybermobbing nicht endete, kam es zum Drama.

Wenige Wochen vor ihrem Tod hatte Amanda ein Video veröffentlicht, in welchem sie auf handgeschriebenen Zetteln, an deren Ende sie ein trauriges Gesicht gemalt hatte, über ihr Martyrium berichtet: »Ich habe jede Nacht geweint und alle Freunde verloren … Ich kann das Foto nie zurückholen. Es wird immer irgendwo da draußen sein …«, lauteten ihre Hilferufe.

Die Historikerin Ute Frevert hat nachgewiesen, dass Demütigung und Beschämung nach wie vor in Kindererziehung, Strafrecht und Politik erhalten geblieben sind. Auch in der modernen Zeit sei der Pranger nicht abgeschafft, sondern durch die Möglichkeiten des Internets neu erfunden worden. Heute sei es jedoch nicht mehr die Obrigkeit, die beschämt und demütigt, sondern die ganze Gesellschaft. Diese nütze die durch das Internet geschaffene Möglichkeit voll aus, Mitmenschen mit nie da gewesener Reichweite vorzuführen und bloßzustellen – ohne sich selbst zeigen zu müssen.

Wegfall von Emotionalität und Empathie ist Voraussetzung jeglicher Grausamkeit. Schon lange vor dem Internetzeitalter hat der Philosoph Hans-Georg Gadamer (1900–2002) gesagt: »Einem Menschen in die Augen zu schauen heißt, ihn nicht töten zu können.«

Die neue Dimension, welche sich für Beschämung und Entwertung durch das Internet eröffnet, zeigt sich am dramatischsten im Cybermobbing. Diese Form der Verleumdung, Bloßstellung, Entwürdigung und Nötigung anderer Menschen über elektronische Kommunikationsmittel ist besonders bei Jugendlichen und jungen Erwachsenen verbreitet. Nach verschiedenen repräsentativen Studien ist jeder dritte Internetuser schon einmal Opfer von Internetmobbing geworden, und – noch erschreckender – jeder fünfte könnte sich vorstellen, als sogenannter Bully aktiv zu werden. Von den befragten Schülern und Schülerinnen geben sogar fast 50 Prozent an, schon einmal über das Netz andere gemobbt zu haben.

Cybermobbing und Cyberstalking profitieren vom Online-Enthemmungseffekt, der durch die Anonymität und Unsichtbarkeit des Täters, durch Eliminierung der sozialen Kontrolle, vor allem aber durch das fehlende emotionale Feedback zustande kommt: Der Täter muss sich der emotionalen Korrespondenz von Angesicht zu Angesicht nicht aussetzen, er muss dem Opfer nicht in die Augen schauen.

Psychologisch sind hinter der Gier nach Skandalen und dem Hang zur Beschämung mehrere Mechanismen zu vermuten: Durch Sensationslust wird versucht, gegen Langeweile und innere Leere anzukämpfen und die eigene emotionale Abstumpfung zu durchbrechen. Negative und angstauslösende Nachrichten scheinen dazu besser geeignet als weiche und positive Berichte. Versagen und (zugewiesene) Schuld anderer relativieren darüber hinaus die eigenen Zweifel und Minderwertigkeitsgefühle. Plötzlich bestätigt die Schlechtigkeit der Welt die moralische Überlegenheit des persönlichen Standpunktes und die Hochanständigkeit des eigenen Verhaltens.

Die menschliche Sehnsucht nach positiver emotionaler Zuwendung kann offensichtlich durch das Internet nicht befriedigt werden. Dies wird im Übrigen auch durch Untersuchungen zur zunehmenden Internetskepsis bestätigt. Eine Repräsentativstudie an der Generation Internet – also jenen, die zum Erhebungszeitpunkt zwischen 14 und 24 Jahre alt waren – stellte ein zunehmendes Misstrauen gegenüber dem großen Netz fest.[3] 38 Prozent der befragten jungen Menschen begründeten dies mit der in den sozialen Medien wahrgenommenen »Beleidigungskultur«. Zwei Drittel der insgesamt 1730 Befragten nahmen das Internet als Raum wahr, in dem alle, die sich äußern, mit Beleidigungen und Beschimpfungen rechnen müssen.

Die radikalisierte Sprache

In der gesellschaftlichen Diskussion wird, durch Sprachwissenschaftler bestätigt, eine zunehmende Radikalisierung der Sprache beklagt. Zum Teil mag das mit der oben beschriebenen digitalen Beleidigungskultur zusammenhängen. Man versucht aber wohl auch, sich in der Informationsflut durch extreme Ausdrucksweise Gehör zu verschaffen und die Menschen durch zugespitzte Erklärungen wenigstens etwas zu emotionalisieren.

Pädagogen klagen über eine Sprache des Hasses, der Geringschätzung und Diskriminierung auf den Schulhöfen. Ebenso ist in der medialen und politischen Diskussion eine wenig wertschätzende Wortwahl festzustellen, welche die Stimmung der Bevölkerung und damit die Kultur mangelnder Wertschätzung in erheblichem Maße bestimmt.

Insbesondere durch den aufkommenden Populismus ist die Rhetorik im politischen Bereich bösartig, ja hassvoll geworden. Dieses aggressive Vokabular spaltet die Gesellschaft – in ganz gute und ganz böse, in hochgelobte und entwertete Individuen.

Häufig wird – etwas simplifizierend und inflationär – ein Bedürfnis nach »einfachen Botschaften« als Erklärung für neue destruktive Verhaltensweisen herangezogen. Dabei bleibt aber die emotionale Komponente, die viel wichtiger ist als die rein sprachliche, großteils unberücksichtigt. Denn tatsächlich ist jener Aspekt der Radikalsprache, der die Kränkungs- und Minderwertigkeitsgefühle der geneigten Hörer oder Leser anspricht und ihnen damit indirekt gleichsam eine »Heilung« für ihr Leid in Aussicht stellt, viel entscheidender. Hinter Hassreden radikaler Islamisten steht immer das Versprechen, im Paradies würden 72 Jungfrauen auf jeden warten.

Die Maske der Coolness

Wohl durch das Zusammenwirken der genannten Entwicklungen hat sich in unserer Gesellschaft ein emotionales Ideal etabliert, welches man als »Maske der Coolness« beschreiben kann: Gefühle sollen möglichst wenig oder nur in gekünstelter Form gezeigt werden. Abgebrühtheit wird demonstriert, emotionale Distanzierung dominiert den Umgang. Dies gibt dem Gesichts- und damit dem Gefühlsausdruck etwas Maskenhaftes, weil eine differenzierte Emotionalität verloren geht. Eine Angleichung an die Maschine findet statt.

Die Uniformierung durch Emotionslosigkeit täuscht aber darüber hinweg, dass sich dahinter ein empfindsames, hochsensibles Wesen verbirgt. Der Mensch als Ganzes ist nicht weniger emotional, verletzlich oder zuwendungsbedürftig geworden. Er will und kann seine Gefühle und Sehnsüchte jedoch nicht mehr so zeigen, er behält sie für sich. Daraus hat sich im Gefühlsbereich ein Zustand der »affektiv-emotionalen Diskrepanz« entwickelt. Das heißt, Gefühlsausdruck – der Affekt – und inneres Empfinden – die Emotionalität – passen nicht zusammen. Durch Uniformierung, wie sie auch in der Art des Schminkens gepflegt wird, erstarrt die affektive Lebendigkeit, und das Gesicht wird maskenhaft. Hingegen ist das Gefühlsempfinden nach innen um nichts geringer als je zuvor (siehe dazu auch Seite 13 bis 25). Im Gegenteil, wahrscheinlich ist die Sehnsucht nach emotionaler Zuwendung und bestärkenden Gefühlen größer denn je. Innerlich bleibt der Mensch ein empfindliches, liebes- und lobesbedürftiges Wesen, auch wenn er dies abwehrt und nach außen anders demonstriert.

Coolness bietet Schutz, etwa vor Verletzung oder Entblößung, und täuscht die Bezugspersonen. Zwangsläufig leidet unter dieser Maske viel von dem, was Wertschätzung für andere ausmacht.

Unser Umgang mit den Alten

Die Wertschätzungsblockade unserer Gesellschaft ist nicht zuletzt auf die ständig weniger wertschätzend werdende Haltung gegenüber einem immer größeren Teil der Gesellschaft, den alten Menschen, zu erklären. Durch die rasch steigende Lebenserwartung ist der Anteil der über 65-Jährigen auf gut 20 Prozent angestiegen.

Demografischer Wandel

Während die Menschen in Mitteleuropa zu Beginn des 20. Jahrhunderts im Durchschnitt mit circa 50 Jahren verstorben sind, liegt die Lebenserwartung heute in Deutschland bei 80,64 Jahren, in Österreich bei 80,89 und in der Schweiz bei 82,9. Frauen werden bis zur Mitte unseres Jahrhunderts ein Durchschnittsalter von fast 90, Männer immerhin von ungefähr 86 Jahren erreichen. Nach Ergebnissen der Bevölkerungsvorausberechnung wird im Jahr 2060 in Deutschland bereits jede/-r Dritte (33 Prozent) zur Generation 65 plus gehören.

Dieser für das Schicksal der Einzelnen durchaus erfreulichen Entwicklung wird gesellschaftlich keinesfalls mit Freude und Wertschätzung begegnet. Vielmehr wird vornehmlich über soziale und wirtschaftliche Aspekte der Überalterung diskutiert: Man klagt über Rentenloch und Pflegekosten, hinterfragt den Nutzen und die Lebensqualität und stellt überhaupt den Lebenssinn von alt gewordenen Menschen infrage. In einer Ende 2018 veröffentlichten europäischen Studie wurde festgestellt, dass Altersdiskriminierung wesentlich häufiger vorkommt als Sexismus und Rassismus. Zu Recht weist der Schweizer Soziologe Christian Maggiori[4] von der Hochschule Freiburg, welcher an der Untersuchung maßgeblich beteiligt war, eindringlich auf das Fehlen gesetzlicher Bestimmungen zum Schutz von alten Menschen hin. Im Gegensatz zu Sexismus und Rassismus gebe es kein Gesetz, das die Diskriminierung und die Stigmatisierung von älteren Menschen verbiete. Er will nun erforschen, ob man mit einem Sensibilisierungsprogramm für Kinder ab dem 4. Lebensjahr dieser bedenklichen Entwicklung gegensteuern könnte.

Die Entwertung der Alten beginnt mit der unkritischen Verherrlichung der Jugend und einseitiger Ausrichtung der Werbung auf junge Menschen, setzt sich in der Arbeitswelt durch Stellenausschreibungen mit versteckter (weil gesetzlich verbotener) Diskriminierung fort und findet in der Isolierung alter Menschen ihren Abschluss. In einer dem wirtschaftlichen Nützlichkeitsprinzip und der Gewinnoptimierung unterworfenen Welt scheint die Würde des Alters keinen Wert mehr zu haben. Wissen, Erfahrung und Weisheit des Alters wurden durch Google und Wikipedia ersetzt, die Lebensqualität im Herbst des Lebens vom Bild des beschwerlichen Alters abgelöst.

Wenn in Japan, einem Land mit sehr hoher Lebenserwartung, die Pflege der alten Menschen an humanoide Roboter delegiert werden soll, bleibt die gerade in hohem Alter so wichtige emotionale Zuwendung auf der Strecke.

Das ständige Jammern über die Sinn- und Hoffnungslosigkeit im Alter und die immer unverhohlener vorgebrachte Sympathie für den schönen Tod, die aktive Euthanasie, erzeugt auf pflegebedürftige und depressive alte Menschen einen großen emotionalen Druck. Sie fühlen sich im wahrsten Sinn des Wortes wertlos und wollen den Angehörigen oder der Gesellschaft nicht mehr zur Last fallen. Wie wichtig aber die Wertschätzung der Alten für ein erfülltes Leben, zu welchem auch die letzte Phase zählt, ja für eine gesunde Gesellschaft wäre, ist in der Weisheit des vierten Gebotes enthalten: »Du sollst Vater und Mutter ehren, auf dass DU lange lebest und es DIR wohlergehe auf Erden.« Damit wird nicht nur das Erfordernis der Wertschätzung alter Menschen für den eigenen Wert betont, sondern auch der Tatsache Rechnung getragen, dass die Jungen von heute die Alten von morgen sind. Wenn Ehre und Wertschätzung einem immer größer werdenden Teil der Gesellschaft versagt werden, verschlechtert dies die gesamtgesellschaftliche Einstellung viel mehr, als es durch den noch weniger wertschätzenden Umgang mit Minderheiten wie Flüchtlingen und Asylsuchenden ohnehin der Fall ist.

Der Ehrbegriff in der Krise

Eine letzte Ursache für die unübersehbare Wertschätzungsblockade unserer Gesellschaft ist – zumindest in den westlichen Ländern – in der Krise des Ehrbegriffes zu sehen. Hier ist die Ehre, obwohl sie individuell als sehr wichtiges Gut angesehen wird, gesellschaftlich nicht mehr viel wert. Während man sich vor nicht allzu langer Zeit bei Ehrverletzungen noch auf Leben und Tod duelliert hat, werden sie jetzt kaum noch geahndet. Der Ehrbegriff gilt in unseren Breiten als antiquiert. Wer sich gegen Beschimpfungen, Denunzierungen oder Bedrohungen wehrt, wird als empfindlich, kleingeistig und irgendwie überholt belächelt. Entsprechende Strafanzeigen werden »herunterdefiniert« und auf den mit unsicherem Ausgang verbundenen Privatklageweg verwiesen. Kommt es doch zur Verurteilung, fallen die Strafen meist sehr milde aus. Und gegen die vielen Gehässigkeiten im Internet hat man ohnehin kaum eine rechtliche Handhabe.

Die Ritualisierung der Ehre ist allerdings noch in Ordens- und Titelverleihungen etabliert. Und hier zeigt sich eindrucksvoll das ambivalente Verhältnis unserer Gesellschaft zur Ehre: Nach außen werden Ehrungen und Ehrenzeichen oft verlacht und verhöhnt. Im Innern sehnen sich aber die meisten Menschen nach solchen Anerkennungen und reagieren tief gekränkt, wenn sie bei solchen Auszeichnungen übergangen werden.

Wertschätzung einfordern

Wollen wir die Wertschätzungsblockade in unserer Gesellschaft beheben, ist es unabdingbar, dem Bedürfnis nach achtungsvollem Umgang, nach Wahrung der Menschenrechte und Schutz von Würde und Ehre auch auf Gesetzesebene stärker Rechnung zu tragen. Wertschätzung muss auch hier eingefordert werden. Das Internet darf nicht zum rechtsfreien Raum verkommen, und der Gruß »Habe die Ehre«, mit dem die Wertschätzung zur Sprache gebracht wird, sollte wieder ernst genommen werden.

Denn allzu leicht schlägt eine niedergehende Kultur der Wertschätzung in eine Unkultur des Hasses um.

Zu viel der Ehre

Ein nicht unerheblicher Teil der natürlich zu verurteilenden Straftaten von Zuwanderern, besonders Aggressionsdelikte, hängt mit Verletzungen des Ehrgefühls zusammen. In den entsprechenden Gesellschaften wurde die Wichtigkeit der Wertschätzung erkannt und dieser Rechnung getragen, indem die Ehre an die Spitze der Wertepyramide gestellt und ihre permanente Bedeutung durch Ritualisierung gesichert wurde.

Wie hoch jedoch die Ehre in manchen patriarchalischen Kulturen angesiedelt ist, nämlich weit über den Rechtsgütern Gesetz, Leben oder Freiheit, zeigt sich dramatisch in der nach wie vor großen Zahl von Ehrenmorden und Blutracheverbrechen. Nach verschiedenen Schätzungen werden weltweit pro Jahr etwa 10.000 Personen, fast ausschließlich Frauen, getötet, um die durch angebliches Fehlverhalten gekränkte Familienehre wieder herzustellen. Der Blutrache, deren zentrales Tatmotiv in der verletzten Ehre von Verwandtschaft, Sippe oder Gesinnungsgemeinschaft liegt, fallen jährlich 5000 Menschen, durchwegs männlichen Geschlechts, zum Opfer. Alle Bemühungen, das diesen abscheulichen Verbrechen zugrunde liegende gestörte Verhältnis zum Ehrbegriff – die pathologische Form der Wertschätzung – zu ändern, sind bisher großteils gescheitert.

Werte und Selbstwert hängen eng zusammen

»Willst du dich deines Wertes freuen,
so musst der Welt du Wert verleihen.«
JOHANN WOLFGANG VON GOETHE

In den meisten Definitionen wird Wertschätzung als positive Bewertung eines anderen Menschen beschrieben, und es wird dabei auf die ganzheitliche Erfassung dieses anderen verwiesen. Ob der Ausdruck Wertschätzung allerdings wegen der erforderlichen Empathie nur für den zwischenmenschlichen Bereich verwendet werden soll, ist umstritten. Denn sie kann sich als innere Haltung auch auf die Natur, auf Wissenschaft und Kultur, auf Materielles und Spirituelles, kurzum auf die gesamte Umwelt und das Leben schlechthin beziehen.

Das eigentliche Wesen der Wertschätzung ist im Wort selbst enthalten. Als »Wert« umfasst sie alles, was uns Menschen wichtig ist, den Respekt genauso wie die Ehre, auch Anerkennung und Bewunderung, besonders aber die Würde. Als grundlegende Einstellung zum Leben und zur Welt stellt sie einen bleibenden Wert dar, einen »Schatz«.

Neben diesen zwei Ebenen weist Wertschätzung eine weitere Dualität auf. Sie wirkt, wie im einleitenden ersten Kapitel schon erwähnt, in zwei Richtungen: Sie kommt den Mitmenschen zugute und hebt gleichzeitig das eigene Selbstbewusstsein. Je mehr eigenen Wert wir uns zumessen, desto mehr davon können wir an Mitmenschen und Umwelt weitergeben.

Zusammenfassend lässt sich sagen: Echte Wertschätzung garantiert einen bedachtsamen Umgang in der zwischenmenschlichen Kommunikation und ein behutsames Verhältnis zur Umwelt. Da Wertschätzung neben guter Empathiefähigkeit (siehe Seite 13 bis 25) stets positive Aufgeschlossenheit voraussetzt, wird sie dem Fortschritt nicht mit Misstrauen und Skepsis begegnen, aber trotzdem alles an Erfahrung und Weisheit schätzen, was in den Traditionen enthalten ist.

Wahrhaftige Wertschätzung hat übrigens weder mit Kritiklosigkeit noch mit Schönfärberei, schon gar nichts mit Lobhudelei zu tun. Ihre besondere Qualität liegt in der positiven Erwartungshaltung und in der grundsätzlich lebensbejahenden Ausrichtung des eigenen Denkens, Fühlens und Wollens.

Was sind eigentlich Werte?

Die wesentlichen Bestimmungselemente der Wertschätzung sind die spezifische menschliche Emotionalität und die humanen Werte. Wertschätzung bezieht sich also auf alles, was für die Menschen wertvoll ist, auf ihre gesamte Wertewelt. Deshalb stellt sich die Frage, was ein Wert eigentlich ist und wodurch eine Charaktereigenschaft oder ein Verhalten, eine Idee, ein Werk oder Objekt wertvoll oder zu einem Wert werden kann.

Mit dem Begriff des Wertes, der eigentlich neutral zu verstehen ist (also Schönes oder auch Böses bezeichnen kann), wird all das beschrieben, was menschliche Individuen für sich und andere als wünschens- und erstrebenswert erachten. Werte sind Grundsätze, nach denen eine einzelne Person, eine Gruppe oder eine Gesellschaft das Leben und Zusammenleben ausrichten will. Sie steuern das Verhalten, dienen als Orientierungs- und Zielpunkte und stellen die Basis von Entscheidungen dar. Damit bilden sie ein ethisches und soziales Ordnungskonzept. Eine klassische, aus der Philosophie gespeiste Definition beschreibt Werte als ein von den Menschen als übergeordnet Anerkanntes, zu dem wir uns anschauend, anerkennend, verehrend, strebend verhalten können. In vielen Wissenschaften werden sie als abstrakte Konzepte oder Überzeugungen definiert, die sich auf die Ziele einer Person beziehen und als Leitlinien im Leben dienen. Die Sozialwissenschaften erklären Werte als situationsübergreifende Ziele, die Personen oder soziale Gruppen lenken und sich nach Wichtigkeit unterscheiden.

Werte sind von Person zu Person und von Kultur zu Kultur unterschiedlich geartet und werden jeweils ganz anders gewichtet.

Heute sind in der westlichen Gesellschaft Werte wie Selbstverwirklichung oder Autonomie besonders hoch geschätzt. Unter den Gruppenwerten sind Familie, Verwandtschaft, Verein, Firma oder Nation von Bedeutung. Als allgemein gesellschaftliche Werte gelten Demokratie, Meinungsfreiheit, Menschenwürde und Religion. Besondere Anerkennung als wichtige Werte genießen heute die Menschen- und Grundrechte.

Tief verankert und dennoch im Wandel

Werte entwickeln sich aus den menschlichen Basisbedürfnissen (zum Beispiel Nahrung, Schlaf, Sicherheit, Eigenständigkeit, Selbstverwirklichung), aus Erfordernissen des humanen Zusammenlebens, aus religiösen Gedanken, politischen Ideen oder philosophischen Überlegungen. Immer sind Werte umstritten, werden oft verletzt, unterliegen einem steten Wandel und müssen ständig reflektiert werden.

Es gibt aber auch einige Werte, die zu allen Zeiten und in allen Kulturen anerkannt und von zeitloser Gültigkeit sind, etwa die Grundwerte der Weltreligionen oder die Verfemung der »delicta mala per se«, also jener kriminellen Taten, die in jeder Gesellschaft und in jeder Epoche an sich und auch ohne explizites Verbot als verwerflich gelten. Der Wertewandel ist ein zeitloses Thema, und Wertediskussionen sind oft sehr heftig und kontrovers. Manchmal führen sie zu schweren Konflikten, ja zu kriegerischen Auseinandersetzungen. So ist etwa der moderne Terrorismus sehr stark durch den Kampf um Werte und die Verletzung von Werten motiviert.

Weltweites Entsetzen

Am 7. Januar 2015 drangen zwei maskierte Täter in die Redaktionsräume der Satirezeitschrift »Charlie Hebdo« in Paris ein, erschossen elf Personen, darunter den Herausgeber, mehrere bekannte Zeichner sowie einen Sicherheitspolizisten. Elf weitere Personen wurden zum Teil schwer verletzt. Während des Attentats riefen die islamistischen Terroristen Parolen wie zum Beispiel »Wir haben den Propheten gerächt«. Auf der Flucht töteten sie einen weiteren Polizisten, ehe sie zwei Tage später in einem Druckereigebäude, in welchem sie sich verschanzt hatten, ihrerseits von Sicherheitskräften erschossen wurden.

»Charlie Hebdo«, ein wöchentlich erscheinendes Magazin, hatte bereits 2006 die bekannten Mohammedkarikaturen einer dänischen Zeitschrift nachgedruckt und später wiederholt islamkritische Satiren veröffentlicht, so auch am Tag des Attentats. Der weltweit Entsetzen hervorrufende Anschlag gilt als tragischstes Beispiel für ein Werteverbrechen. Die Attentäter fühlten sich in ihren religiösen Werten tief verletzt und sahen ihre grauenvolle Rache offensichtlich als gute, gerechte Tat.

Werte sind weniger konkret als Normen. Sie sind tiefer verankert als Präferenzen (also das, was man einfach nur bevorzugt), nicht so bewusst und steuerbar wie Motive, jedoch ähnlich stabil wie Persönlichkeitseigenschaften. Während die Persönlichkeitsstruktur aber in weiten Teilen genetisch bedingt ist, können Werte durch Erfahrungen und Entwicklungen verändert oder neu gebildet werden. Sie werden durch Identifikation und Nachahmung, durch Lernen am Modell erworben, durch Einflüsse der Familie und des Milieus modifiziert und durch Erziehung und Bildung ausgestaltet. Eigentlich müsste man Werte auch als Gestalter und Former der Persönlichkeit bezeichnen, da sie Richtlinien und bestimmende Faktoren im menschlichen Leben sind. Sie helfen uns, zu unterscheiden, was wichtig und unwichtig, was richtig und falsch, letztlich was für die eigene Person gut und was böse ist. Zutreffend werden sie in fachlichen Publikationen als »Bausteine des menschlichen Daseins«, als »Ziele des Lebens« oder »entscheidende Motivationsfaktoren der Existenz« bezeichnet.

Werte unterliegen sowohl individuell als auch gesellschaftlich einem gewissen Wandel. Sie sind abhängig von Kultur und neuen sozialen Strömungen, von technischem Fortschritt und Wissenszuwachs, von Zeitgeist und Mode. Der allgemeine Wertewandel wird durch den Wegfall alter Normen, die Krise der Institutionen, die sich auflösenden Bindungen an Religionen sowie die Tendenz zu Autonomie und Selbstverwirklichung beschleunigt. Eine pluralistische Gesellschaft, wie in der westlichen Welt, ist durch ganz andere, vielfältigere und individuellere, aber auch viel flexiblere und kurzlebigere Werte beeinflusst als traditionell geprägte Kulturen.

Grundwerte – was uns wichtig ist und wünschenswert erscheint

Weil Werte schon ihrer Definition nach relativ stabile überdauernde Faktoren sind, gehen die meisten Forscher nicht von einer großen Vielfalt, sondern von wenigen Grundwerten aus, welche individuell und gesellschaftlich in unterschiedlicher Wichtigkeit bestimmend sind. Das anschaulichste Wertesystem hat der US-amerikanische Psychologe Shalom H. Schwartz 1992 zusammen mit elf weiteren Forschern durch Befragung von Personen aus 20 verschiedenen Nationen entwickelt.[5] 2012 wurden die ursprünglich zehn grundlegenden Werte auf 19 erweitert:

1. **Selbstbestimmung:** Förderung eigener Gedanken und Fähigkeiten
2. **Selbstbestimmtes Handeln:** Unabhängigkeit im eigenen Verhalten
3. **Anregung:** Streben nach neuen Herausforderungen und Erfahrungen
4. **Genuss:** Sinnesfreude und Vergnügen
5. **Erfolg:** Gemäß den jeweiligen Standards erfolgreich sein
6. **Macht:** Vormachtstreben, Dominanz, Einfluss
7. **Ressourcenkontrolle:** Verfügen über Sach- und Finanzmittel
8. **Ansehen:** Pflege des eigenen Images, Vermeidung von Bloßstellung
9. **Persönliche Sicherheit:** Stabilität von Milieu und Beziehungen
10. **Gesellschaftliche Sicherheit:** Stabilität in Politik und Gesellschaft
11. **Tradition:** Pflege von familiärem, kulturellem und religiösem Brauchtum
12. **Angepasstheit hinsichtlich Regeln:** Befolgen von Gesetzen, Regeln und Pflichten
13. **Angepasstheit gegenüber anderen:** Gutes Auskommen mit anderen Menschen
14. **Bescheidenheit:** Relativierung der eigenen Wichtigkeit
15. **Fürsorge und Wohlwollen:** Förderung des Wohlergehens von Angehörigen und nahestehenden Personen
16. **Verlässlichkeit:** Verlässliches und vertrauensvolles Mitglied einer bestimmten Gruppe sein
17. **Ganzheitliche gesellschaftliche Betrachtung:** Einsatz für Gleichheit, Gerechtigkeit und Schutz aller Menschen
18. **Naturschutz:** Bewahren der natürlichen Umwelt
19. **Toleranz:** Andersartigkeit anerkennen

In der Psychologie, welche sich ja mit dem menschlichen Erleben und Verhalten befasst, wird der Zusammenhang zwischen Werten der Person und Werten der Situation, also des sozialen und gesellschaftlichen Umfeldes, beschrieben. Als beurteilende Gedanken zu den wichtigen Fragen des Lebens zeigen beide Wertarten an, was für das jeweilige Individuum als wichtig, moralisch richtig und kostbar gilt. Werte bedeuten somit klare Akzeptanz und positive Beurteilung von Lebewesen, Objekten, Ideen, Ideologien, Handlungen und Haltungen. Sie liefern aber auch Idealvorstellungen und sagen uns, wie wir unsere Mitmenschen und die Umgebung am liebsten gestaltet hätten. So geht es letztlich wieder um den Selbstwert.

Selbstwert entsteht durch uns selbst und unser Umfeld

Eine ganz besondere Position nimmt in der wissenschaftlichen Auseinandersetzung mit dem Thema Wertschätzung der Selbstwert ein. Unter diesem Begriff verstehen wir, wie der Ausdruck sagt, die Bewertung, die wir uns selbst zuschreiben. Diese individuelle Bewertung des Selbst bewegt sich zwischen den Polen Anerkennung und Missbilligung der eigenen Persönlichkeit, kann also positiv oder abwertend ausfallen. Selbstwert bezieht sich ganz stark auf das Ich-Empfinden, auf die Erinnerungen an die Rückmeldungen durch Bezugspersonen und auf die Reaktionen des sozialen Umfeldes. In der Psychotherapie spricht man von den »vier Säulen des Selbstwertes«, zu denen neben der Selbstakzeptanz (sich annehmen, wie man ist) und dem Selbstvertrauen (auf die eigenen Fähigkeiten bauen) noch die soziale Kompetenz (angemessen kommunizieren können) und das soziale Netz (sich auf andere verlassen können) gehören.

Der Selbstwert kann hoch oder niedrig, stabil oder instabil, sicher oder fragil sein. Die Wissenschaft unterscheidet zudem zwischen dem auf unbewussten Gefühlen beruhenden »impliziten« und dem bewussten Selbstwert, den man als »explizit« bezeichnet. Ferner kann der Selbstwert mit bestimmten Zielen wie äußerer Erscheinung, Anerkennung durch andere oder akademischer Kompetenz verbunden sein. Man spricht dann von »kontingentem« Selbstwert, welcher stark vom Erreichen des jeweiligen Ziels abhängt. Dagegen ist der nicht kontingente Selbstwert kaum an solche Vorgaben gebunden.

Das Bild von uns selbst

Eng in Zusammenhang mit dem Selbstwert steht das Selbstkonzept, muss von diesem aber unterschieden werden. Während Selbstwert die gefühlsmäßige Bewertung des Bildes der eigenen Person betrifft, bezieht sich das Selbstkonzept auf die kognitive Komponente, also auf das Bild selbst, das wir von uns haben (etwa »die erfolgreiche Geschäftsfrau« oder »der geniale Künstler«). Wird das Konzept von außen infrage gestellt, kommt es zu inneren Konflikten und Krisen.

Die Orientierung verloren

Bei Isabella wurde eine alkoholbedingte Leberzirrhose festgestellt. Während die 52-jährige Frau früher immer gesund war und als psychisch stabil galt, hatte sie in den letzten drei Jahren massiv getrunken. Obwohl sie studiert und eine berufliche Karriere angestrebt hatte, war es für sie ab der ersten Schwangerschaft ein tiefer Wunsch, sich der Kindererziehung und der Familie zu widmen. Sie sah sich ganz in der Rolle der »Familienmanagerin« und war damit trotz des gegenläufigen Mainstreams sehr zufrieden. Als die Kinder das Haus verlassen hatten, fiel sie in ein tiefes Loch. Der Mann ging seinen Geschäften nach, sah im beruflichen Engagement seine Erfüllung und kümmerte sich kaum noch um die Partnerschaft.

Das »Empty Nest« (vom in der Psychologie meist verwendeten englischen Begriff für »leeres Nest«) war zum Gefängnis geworden, äußerlich und innerlich. Gefühle der Langeweile und Sinnlosigkeit, des Zweifels und der Orientierungslosigkeit bedrückten Isabella immer mehr. Sie kam in Kontakt mit einigen Frauen aus dem Ort, mit denen sie früher nicht einmal gesprochen hätte. Bei den Zusammenkünften wurde getrunken, Weißwein oder Sekt, schon vormittags, meist zahlte sie die Runden. In dieser Umgebung fühlte Isabella sich wohl, dort konnte sie sprechen, dort fand sie interessierte Ohren, dort war sie plötzlich wieder viel wert. Später, als sie auf den beruhigenden, stimmungsverbessernden und selbstwertsteigernden Effekt des Alkohols nicht mehr verzichten wollte, trank sie immer häufiger allein, immer mehr auch harte Getränke – was schließlich zu der lebensbedrohlichen Krankheit führte.

Isabellas Geschichte zeigt deutlich, wie es zur Erschütterung des Selbstwertes kommen kann, wenn das Selbstkonzept (hier »die Familienmanagerin«) überholt ist und nicht korrigiert beziehungsweise der neuen Situation angepasst wird.

Sich vertrauen und sich annehmen, wie man ist

Entscheidend für einen optimalen Selbstwert ist, dass er ein gesundes Maß hat (also weder übermäßig noch zu gering ausgeprägt ist) und tief verwurzelt ist. Ebenso wichtig ist die Akzeptanz des eigenen Ich – mit all seinen Nachteilen. Wer über einen solch optimalen Selbstwert verfügt, lässt sich durch einen Misserfolg nicht irritieren, sondern betrachtet diesen als Fehler, der jedem einmal passieren kann, oder als Erfahrung, welche die Persönlichkeit stärkt. In erster Linie aber hängt das Selbstbewusstsein vom Vertrauen in die eigenen Fähigkeiten ab: Je überzeugter wir von ihnen sind, desto stärker fällt es aus, je geringer wir sie einschätzen, desto niedriger ist es. Die daraus resultierende Selbstbewertung ist eine relativ stabile Eigenschaft, nach Meinung mancher Forscher sogar ein überdauerndes bestehendes Persönlichkeitsmerkmal. Dennoch: Der Selbstwert ist nicht unveränderlich, vielmehr sind eine Steigerung von zu geringem oder das Zurechtrücken von zu hohem Selbstwert – also die positive Beeinflussung neurotischer oder narzisstischer Störungen (siehe dazu auch Seite 114 bis 126) – heute Hauptaufgabengebiete der Psychotherapie.

Die Bedeutung von Zugehörigkeit

Neben dem persönlichen Selbstwert gibt es jenen einer Gruppe oder eines sonstigen Kollektivs. Dieser entwickelt sich aus gemeinsamen Interessen, Ideen und Zielen, wirkt aber auch durch die emotionale Bedeutung, welche die Mitgliedschaft in einer politischen oder religiösen Gemeinschaft oder in einem Sportverein haben kann. Diese positive Verstärkung kann allerdings auch fatale Folgen haben, wie die Geschichte von Jens zeigt.

Halbstark durch die Gruppe

Die psychiatrische Untersuchung von Jens, einem Jugendlichen, der zusammen mit mehreren Kumpeln einen ungemein brutalen Überfall auf einen Passanten verübt hatte, brachte auf den ersten Blick ein überraschendes Ergebnis.

Die Clique hatte in mehreren Lokalen reichlich Alkohol konsumiert. Auf dem Weg zum Bahnhof rempelte einer von ihnen einen vorübergehenden jungen Mann an. Als dieser schreiend zu Boden fiel, stürzten sich auch die anderen aus der Gruppe auf das hilflose Opfer. Sie attackierten es mit Schlägen und Tritten, bespuckten den leblos daliegenden Körper und zogen weiter, wurden später aber gefasst und angeklagt.

Der Haupttäter war zu den Fragen der Alkoholisierung und der jugendlichen Reife zu begutachten. Aktenlage und mediale Berichte bezichtigten ihn der Anführerschaft und eines besonders brutalen Vorgehens. Insofern war für mich als Gutachter ein aggressiver, süchtiger oder dissozialer Mensch zu erwarten. Stattdessen saß in der Untersuchungszelle ein schüchterner, neurotisch-gehemmter, zitternder und weinender, noch kindlich wirkender 16-Jähriger, voller Minderwertigkeitsgefühle und Selbstwertzweifel.

Jens kam aus zerrütteten familiären Verhältnissen, seine Schulleistungen waren unterdurchschnittlich, und wegen der spät einsetzenden Pubertät wurde er viel gehänselt. Er schloss sich einer Gruppe sozial randständiger und auch delinquenter Burschen an. In diesem Umfeld sah er sich aufgenommen und akzeptiert, ohne Wenn und Aber. Hier wurde er nicht hinterfragt, hier fühlte er sich sicher und stark, hier konnte er sich beweisen, hier war er jemand. Die Stärke der Gemeinschaft stärkte ihn selbst. Durch Alkohol enthemmt, wollte er den anderen seine Männlichkeit beweisen und dass seine Aufnahme in die Gruppe auch wirklich berechtigt war. Für sich wollte er Anerkennung und Respekt, jemand anderer war jetzt das entwertete Opfer.

Ein den Selbstwert verstärkender Effekt von Zugehörigkeit kann natürlich auch sozial verträglicher ausfallen als im Fall von Jens, etwa bei einer Fußballmannschaft, wenn das gemeinsame Training die Mitglieder zusammenschweißt und ein Erfolg allen bestätigt, dass der Einsatz sich gelohnt hat.

Das Individuelle und das Gemeinschaftliche

Hier wird nun auch ein eingangs schon erwähnter wichtiger Zusammenhang deutlich, auf den ich noch einmal eingehen möchte, denn in ihm verknüpfen sich die persönlichen und die sozialen Aspekte des Selbstwertes.

Vielen ist nicht bewusst, dass nur Menschen mit gutem Selbstwert in der Lage sind, anderen Anerkennung und Respekt entgegenzubringen, und dass durch eine wertschätzende Haltung die eigene Sicherheit und damit der Selbstwert steigen. Mit anderen Worten: Wertschätzendes Verhalten setzt Selbstsicherheit, persönliche Größe und eine gewisse Souveränität voraus. Etwas zugespitzt könnte man sagen: Eine wertschätzende Person ist selbst eine Respektsperson, vor allem wegen ihrer wertschätzenden Haltung.

Ebenso wird kaum bedacht, dass Wertschätzung, die wir anderen entgegenbringen, den eigenen Wert steigert. Denn aktive Wertschätzung ist meist mit positiven Feedbacks verbunden, die ihrerseits das Selbstbewusstsein heben. Eine kanadische Forschergruppe um die Psychologieprofessorin Myriam Mongrain (2011)[6] hat diesen aus der psychotherapeutischen Arbeit gut bekannten Effekt wissenschaftlich belegt und bestätigt damit ein Wort des Aphoristikers Peter Henatsch: »Wertschätzung erfahren und Wertschätzung entgegenbringen bedingen einander wie Aussaat und Ernte.«

Lebenslang im Einsatz: Die Selbstwertregulierung

Jeder Mensch hat ein natürliches Bedürfnis, seinen Selbstwert möglichst hochzuhalten. Dies geschieht vornehmlich durch die sogenannte Selbstwertregulierung. Darunter versteht man sämtliche Verhaltensweisen, mit welchen der Selbstwert erhöht, stabilisiert oder wiederhergestellt wird. Neue Erfahrungen können den Prozess der Selbstwertregulierung ebenso anstoßen wie Belastungen und Krisen. Manchmal muss der Selbstwert gerettet, oft geschützt, ständig aber weiterentwickelt werden. Dies erfordert neben der Selbstbeobachtung den Vergleich mit anderen Personen. Maßgebend ist auch, ob Rückmeldungen aus der Umwelt positiv, anerkennend und bestärkend oder kritikvoll, abwertend und demotivierend sind. Die Stabilisierung des Selbstwertgefühls ist eine Aufgabe für das ganze Leben. Da wir unser eigenes Wertgefühl stets auf einem optimalen Niveau halten wollen, bedeutet dies ständige psychische Arbeit.

Der Kalauer »Ich bin, wie ich bin, das passt am besten zu mir« spricht zwar für gesundes Selbstvertrauen, nicht aber für die Notwendigkeit der ständigen Selbstwertregulierung.

Wenn der Selbstwert außer Kontrolle gerät

Die Fähigkeit zur Selbstwertregulierung ist bei vielen Menschen durch Ängste gehemmt. Sie lässt sich aber entwickeln. Ein anschauliches Modell der Selbstwertregulierung hat der bekannte Neuropsychiater Herwig Scholz entwickelt. Er geht von der Beobachtung aus, dass leistungsbezogene, pflichtbewusste, hilfsbereite und freundliche Menschen häufiger an depressiven Erschöpfungszuständen, Angststörungen und psychosomatischen Leiden erkranken als andere. Ursächlich führt er dies auf einen permanenten, erfolglosen Kampf um Anerkennung, Wertschätzung und Liebe zurück.

Wenn die Mitmenschen positive Resonanz versagen, versucht die betroffene Person, das dadurch verloren gegangene (oder von vorneherein geringe) Selbstwertgefühl durch besondere Bemühungen und durch Überanpassung wieder ins Lot zu bringen. Dies bedeutet für das Individuum permanenten Stress, welcher eine Erschöpfung der hirnbiologischen Steuerungsvorgänge zur Folge hat, was wiederum zu Depressionen, Angststörungen und psychosomatischen Prozessen führen kann. Die Betroffenen vermindern nach Scholz somit bei Belastungen, Konflikten, Kränkungen und Entwertungen ihren eigenen Selbstwert, indem sie sich unterordnen und überanpassen, was in weiterer Folge Verunsicherung auslöst. Aus Selbstunsicherheit geben viele Menschen ihre eigenständige Meinungsbildung zugunsten einer Überanpassung an die Umgebung und Abhängigkeit von der Meinung anderer auf. Dieser Persönlichkeitszug wird als »Dependenz« bezeichnet. Besonders dependenzgefährdet und anfällig für psychische Störungen und Krankheiten sind Menschen mit hohen moralischen Ansprüchen, mit feinem Gewissen und starkem Über-Ich.

Wegen dieser kontrollierenden psychischen Instanzen sind sie nicht in der Lage, ihre aufkommenden Aggressionen gegenüber der Umgebung, welche ihnen Wertschätzung versagt, zum Ausdruck zu bringen. Aus der zurückgehaltenen Aggressivität, die sich dann gegen die eigene Person richtet, resultieren weitere

Über-Ich

Das Über-Ich ist nach dem von Sigmund Freud (1856–1939) entwickelten Modell der menschlichen Psyche jene Struktur, in der Gewissen, Moral, soziale Normen und Werte angesiedelt sind. Als Gegenspieler des Es, das die Triebhaftigkeit repräsentiert, ist das Über-Ich, das im Wesentlichen durch die Erziehung gebildet wird, für das sozialgerechte Verhalten der Menschen zuständig. Die dritte Instanz in Freuds Modell ist das Ich. Sie vermittelt zwischen Es, Über-Ich und der realen Umwelt.

Selbstwertzweifel und Verschlechterungen des Selbstbildes, was zu Schuldgefühlen und manchmal zu selbstschädigenden Handlungen führen kann.

Neben dem Mechanismus der Selbstentwertung durch angstvolle Überanpassung kommen auch Überkompensationen infrage. In einer Art »Flucht nach vorne« versuchen die Betroffenen, durch dominantes Verhalten, Überaktivität und Überschätzung ihrer Fähigkeiten den Selbstwert regulativ zu steigern. Dieser mit chronischem Stress verbundene Versuch führt zu Konflikten mit der Umgebung und vorprogrammierten Niederlagen, die den Selbstwert weiter unterminieren.

Auf eigene Ressourcen und Stärken setzen

An Gegenmaßnahmen und therapeutischen Hilfen empfiehlt Scholz neben klarer Analyse und Bewusstmachung dieser Mechanismen, sich stark auf die gesunden Anteile, auf eigene Fähigkeiten und oft nicht bewusste Ressourcen zu konzentrieren. In kleinen Schritten sollen die inneren Einstellungen modifiziert werden und Veränderungen in der Selbstwahrnehmung erfolgen. Dazu hat Scholz ein eigenes Manual[7] entwickelt. Vom Einsatz beruhigender oder antidepressiver Medikamente allein erwartet er sich keine Hilfe.

Selbstwert und Selbstwertregulierung sind somit zur Erlangung einer wertschätzenden Haltung von großer Wichtigkeit. Entscheidend ist nicht nur, ob jemand einen hohen oder niederen Selbstwert hat, sondern auch, wie es um die Fähigkeiten und Möglichkeiten der Selbstregulierung bestellt ist. Therapeutische Bemühungen zur Verbesserung von Selbstbewusstsein und Selbstvertrauen müssen deshalb in erster Linie an der Befähigung zur Selbstwertregulierung ansetzen.

Werte und Selbstwert – unser Schatz

Eine optimale Einordnung der Wertschätzung in unser Leben wäre dann gegeben, wenn diese nicht nur bei geeigneten Anlässen oder zu manchen Zeiten eingesetzt wird, sondern Teil der persönlichen Einstellung und des gesellschaftlichen Klimas ist. In der Psychologie definiert man Einstellung als die aus der Erfahrung kommende Bereitschaft, in bestimmter Weise auf eine Person, eine soziale Gruppe, eine Situation oder eine Vorstellung wertend zu reagieren. Dies kann sich in Annahmen und Überzeugungen, in Gefühlen und Emotionen und im gesamten Verhalten ausdrücken.

Als Haltung sind Einstellungen Teil der Persönlichkeit und bestimmen somit das Wesen des Menschen.

Nach einer schon älteren, klassischen Definition handelt es sich bei Einstellungen um einen mentalen und neuralen Bereitschaftszustand, der durch die Erfahrung strukturiert ist und einen steuernden Einfluss auf die Reaktionen des Individuums ausübt. Einstellungen bilden sich also auf der Grundlage unserer Erfahrungen und sind selbst die Grundlage unserer Bewertungen. Sie können positiv, negativ oder neutral sein, unterscheiden sich hinsichtlich ihrer Intensität, können entwickelt werden und lassen sich ändern – wenn auch nicht ohne Weiteres.

Im Ausdruck Wertschätzung ist neben »Wert« aber auch das Wort »schätzen« beziehungsweise »Schatz« enthalten. Was könnte das bedeuten? Wird der Wert von etwas so hoch eingeschätzt, dass er tatsächlich so viel wert ist wie ein Schatz? Wird eine bestimmte Eigenschaft oder Begabung wirklich als Wert gewürdigt? Will man mit dem Wertschätzungsbegriff vielleicht zum Ausdruck bringen, dass der Schatz erst Wert bekommt, wenn er gehoben – sprich erarbeitet – wird?

Ein Schatz ist jedenfalls etwas sehr Wertvolles. Sofern positives Menschenbild, empathisches Vorgehen, Behutsamkeit und Achtsamkeit, Toleranz und Fürsorge die innere Grundeinstellung bestimmen, kann man von einer wertschätzenden Haltung sprechen. Und wenn Wertschätzung den Mitmenschen guttut, das gesellschaftliche Klima verbessert und darüber hinaus die eigene Haltung positiv beeinflusst, wird sie tatsächlich zum Schatz – den wir heben und hüten sollen.

Die sieben Stufen der Wertschätzung

*»Im Grunde sind es doch die
Verbindungen mit Menschen,
die dem Leben seinen Wert geben.«*
WILHELM VON HUMBOLDT

Es war bisher schon viel die Rede davon, doch was ist Wertschätzung eigentlich genau? Wie würden Sie Wertschätzung definieren? Ist es eine Emotion, ein Grundbedürfnis, ein besonderer Wert, eine Herzens- oder Geisteshaltung? Diesen so geläufigen Begriff richtig zu beschreiben ist gar nicht einfach. Vielleicht, weil wir ihn inflationär verwenden, vielleicht, weil wir uns viel zu wenig Gedanken über wertschätzendes Verhalten machen, und vielleicht, weil die Wertschätzung heute viel an Bedeutung verloren hat.

Im alltäglichen Gebrauch wird Wertschätzung meist mit Lob und Anerkennung, mit Aufmerksamkeit und Respekt oder mit Wohlwollen und Freundlichkeit gleichgesetzt. Herkömmliche Definitionen weisen alle auf die zwischenmenschliche Verbundenheit als unabdingbares Element hin und stellen einheitlich die positive Bewertung eines anderen Menschen in den Mittelpunkt. Besonders betont wird die Notwendigkeit wertschätzender Ausdrucksweisen und Haltungen.

Um das Phänomen der Wertschätzung besser fassen zu können, ist eine Unterscheidung zwischen der Wertschätzung an sich und einer wertschätzenden Haltung hilfreich. Die Wertschätzung als solche setzt sich zusammen aus verschiedenen Vorstufen und geht in zwei besonderen Ausprägungen über sich hinaus. Voraussetzungen für jegliche Form der Wertschätzung sind immer ein großes Maß an Empathiefähigkeit (siehe Seite 13 bis 25) und die Ausrichtung der Emotionalität auf die Würde von Mensch und Natur. Im Idealfall entwickelt sich aus fallweise wertschätzendem Verhalten eine entsprechende Grundhaltung, welche als Teil der Gesamtpersönlichkeit unseren Charakter maßgeblich prägt.

Betrachten wir nun die Wertschätzung an sich: Sie basiert auf Aufmerksamkeit und Beachtung und beinhaltet des Weiteren Achtsamkeit, Respekt oder Achtung sowie positive Feedbacks, also Anerkennung. In besonderen Fällen kann sie sich weiterentwickeln zu Vertrauen und letztlich zur Liebe, somit zu zwei Grundgefühlen, die in einem Stufenmodell über der Wertschätzung anzusiedeln sind. Diese beiden edelsten Formen der Wertschätzung sind jedoch an zahlreiche zusätzliche Voraussetzungen gebunden und können, wenn überhaupt, nur einer geringen Zahl von auserwählten Menschen entgegengebracht werden. Vertrauen als Grundhaltung würde ansonsten die Gefahr der Vertrauensseligkeit beinhalten, und eine durch und durch nur liebende Persönlichkeit zeichnet wohl nur die Heiligen aus.

Liebe
Vertrauen
Wertschätzung
Anerkennung
Respekt/Achtung
Achtsamkeit
Aufmerksamkeit/Beachtung

Wertschätzung steht gleichsam im Mittelpunkt eines lustvollen Prozesses, der seinen Höhepunkt in der Liebe findet. Die einzelnen Stufen der Wertschätzung bedürfen als deren Voraussetzung beziehungsweise Basis einer eigenen Analyse.

Das Fundament, auf dem alles aufbaut: Aufmerksamkeit und Beachtung

Wertschätzung basiert immer auf unserer Aufmerksamkeit für Umwelt, Natur, Milieu und die jeweilige Situation, besonders aber für die Menschen mit all ihren Eigenschaften, Emotionen und Bedürfnissen. Aufmerksamkeit ist mehr als die neuropsychologische Fähigkeit, »aus dem vielfältigen Reizangebot der Umwelt einzelne Reize oder Reizaspekte auszuwählen und bevorzugt zu betrachten, andere dagegen zu übergehen und zu unterdrücken«, wie eine der gängigsten Definitionen lautet. Aufmerksamkeit basiert auf Offenheit, Interesse, zwischenmenschlicher Sensibilität und Einfühlungsvermögen.

Der Mensch will aufmerksame Zuwendung. Er erlebt kaum etwas so kränkend wie fehlende Aufmerksamkeit oder Nichtbeachtung. Wie sehr er nach Aufmerksamkeit verlangt und diese schätzt, äußert sich in der spontanen Dankesformel »Wie aufmerksam von Ihnen!« und in den anerkennenden Worten »Sehr aufmerksam!«. Manche Menschen tun sehr viel, um Aufmerksamkeit zu bekommen. Sie äußern originelle Gedanken und provokative Überlegungen, kleiden sich schräg und schmücken sich schrill oder zeigen im wahrsten Sinn des Wortes ein verrücktes Verhalten, durch welches sie sich aus dem Normalen und Alltäglichen entrücken. Hinter alldem steht der Wunsch, beachtet, wahrgenommen, geschätzt, bewundert und letztlich geliebt zu werden. Fehlende Aufmerksamkeit kann sich hingegen fatal auswirken, wie zum Beispiel bei Johannes.

Angst zu verschwinden

Der Notfalldienst wurde zu einem 51-jährigen Arbeiter gerufen, der an seinem Arbeitsplatz vor laufender Maschine zusammengebrochen war. Johannes wies alle Symptome einer Panikattacke auf, zitterte am ganzen Körper, rang heftig nach Atem und spürte einen starken Druckschmerz auf der Brust. Seinen herausgepressten Worten ließen sich Vernichtungsgefühle und Todesangst entnehmen. Die körperliche Untersuchung des alleinstehenden Mannes, der seit 32 Jahren in der Firma tätig war, erbrachte mit Ausnahme von zu erwartendem Bluthochdruck und Herzrhythmusstörungen keine Auffälligkeiten.

Im Lauf der psychologischen Abklärung sprach er immer mehr von seiner Bedeutungslosigkeit und fehlendem Sinn im Leben. Obwohl er immer nur gearbeitet und sein Bestes gegeben habe, fleißig und verlässlich, sei er nie lobend erwähnt, und es sei ihm kein einziges Mal gedankt worden. Niemand habe seine Dauerleistung gesehen, alles, was er tat, sei selbstverständlich gewesen. Keiner habe ihm Aufmerksamkeit geschenkt, niemand gefragt, wie es ihm gehe oder was er sich denke. Immer mehr sei in ihm das Gefühl entstanden, für die Firma nicht wichtig, für die Mitarbeiter kaum wahrnehmbar und die gesamte Umwelt gar nicht existent zu sein. Plötzlich seien Furcht und Angst aufgekommen, dass ihm die Daseinsberechtigung fehle und er verschwinden werde, ohne dass dies jemandem auffalle. Da hätten ihn Panik- und Vernichtungsgefühle erdrückt.

Aufmerksamkeit kann nach innen gerichtet sein, auf die eigenen Emotionen und Bedürfnisse, oder nach außen, auf Personen, Vorkommnisse und Dinge außerhalb des eigenen Ich. Nur wer in der Lage ist, unterschiedliche Sichtweisen zu erkennen und andere Perspektiven wahrzunehmen, wer zwischen unterschiedlichen mentalen Räumen hin und her wandern kann, wird ein aufmerksamer Mitmensch oder ein guter Gesprächspartner sein. Aufmerksamkeit führt zur Vertiefung der zwischenmenschlichen Abläufe, zur Intensivierung unserer Gefühle, zur Klarheit in der Beurteilung und letztlich zur Sinnfindung.

Der erste Schritt auf der Stufenleiter: Achtsamkeit

All das, was mit dem heute immer häufiger verwendeten Begriff der Achtsamkeit erfasst wird, ist als eine der grundlegenden Voraussetzungen jeglicher Wertschätzung eine Stufe höher anzusiedeln als reine Aufmerksamkeit. Achtsamkeit scheint seit einigen Jahren ein Modethema in Gesellschaftsleben und Therapie zu sein. Tatsächlich beschäftigen sich psychologische, pädagogische, sozial- und neurowissenschaftliche Forschungsrichtungen seit einiger Zeit vermehrt mit der Achtsamkeit, bei der das intensive Erfassen des gegenwärtigen Augenblicks im Mittelpunkt steht. Daraus haben sich wichtige Erkenntnisse für die Bedeutung der Wertschätzung ergeben.

Eine besondere Form der Aufmerksamkeit

Achtsamkeit, englisch »mindfulness« genannt, wird definiert als das bewusste Lenken der Aufmerksamkeit auf den gegenwärtigen Moment. Durch empfindsames und bewusstes Wahrnehmen unserer Gefühle und Gedanken können wir uns von diesen lösen und zu einer vorurteilslosen und wertfreien Betrachtung des Hier und Jetzt kommen. »Denke immer daran, dass es nur eine wichtige Zeit gibt: Heute. Hier. Jetzt.« So hat bereits der russische Schriftsteller Leo Tolstoi (1828–1910) all das auf den Punkt gebracht, was später die Grundlage einer eigenen psychotherapeutischen Richtung bilden sollte.

Achtsamkeit ist eine auf unser Inneres gerichtete, intensive Form der Aufmerksamkeit mit akzeptierender Haltung sich selbst gegenüber und ganzheitlicher Annahme der eigenen Person. Auf diese Weise werden wir uns unseres Innenlebens mit seinem ständigen Wandel von Gefühlen und Gedanken bewusst. Die daraus gewonnene Erfahrung können wir dann auf andere Personen und Situationen übertragen. Dies ist entscheidend. Manchmal wird der Mensch allerdings erst in Extremsituationen, in Krisen und Krankheiten oder im Angesicht des Todes, zu echter Achtsamkeit fähig.

Achtsamkeit in Buddhismus, Christentum und Psychologie

Ursprünglich stammt die Idee der Achtsamkeit aus dem Buddhismus, der in ihr ein »wertfreies Betrachten aller Wahrnehmungen« sieht und empfiehlt, sie in vier Bereichen zu üben: im körperlichen, bei sämtlichen Gefühlsreaktionen, in verschiedensten Gemütszuständen und in den Begegnungen mit der Natur. Der Begründer des Buddhismus, Siddharta Gautama (563–483 v. Chr.), beschreibt das Wesen der Achtsamkeit folgendermaßen: »Das Gesehene soll lediglich ein Gesehenes sein, das Gehörte lediglich ein Gehörtes, das durch die drei anderen Körpersinne Empfundene lediglich ein so Empfundenes und das Erkannte letztlich ein Erkanntes.«

Achtsamkeit ist nicht nur das Fundament aller buddhistischen Meditationspraktiken, sondern hat große Ähnlichkeit mit der in der westlichen Mystik entwickelten Kontemplation, dem geistigen »Sichversenken«. Durch intensive Achtsamkeit wollten Mystiker und Mystikerinnen – etwa Meister Eckhart und Hildegard von Bingen – sich dem Göttlichen öffnen. »Konzentriertes Betrachten«, wie die wörtliche Übersetzung von »Kontemplation« lautet, soll vertiefendes Nachdenken über spirituelle Gedanken ermöglichen. Seit dem frühen Christentum gilt Kontemplation als Kernbestandteil des frommen Lebens und ist besonders im katholischen und orthodoxen Mönchtum sehr stark verankert.

Während die Achtsamkeit im buddhistischen Sinne das passive, wertfreie Betrachten sämtlicher Wahrnehmungen betont, zielt sie in der Psychologie auf das bewusste Innehalten zwischen Wahrnehmung und Reaktion ab. Dadurch sollen eigene Bedürfnisse und Wünsche bewusst, Wahrnehmungsverzerrungen erkannt und Abwehrmechanismen aufgedeckt werden. Mit dieser Art von Achtsamkeit können wir leichter die Perspektive wechseln und die Sichtweise anderer Menschen übernehmen. Die Achtsamkeitsforscherin Nina Buchheld nennt vier einzelne Faktoren, aus denen sich Achtsamkeit zusammensetzt:

1. Die gegenwärtige, auf den eigenen Körper gerichtete Aufmerksamkeit, um an den Erfahrungen des Augenblicks teilhaben zu können
2. Das offene Annehmen und wertfreie Akzeptieren der erlebten Gefühle und Gedanken, um sich selbst zu akzeptieren und zu schätzen
3. Die ganzheitliche Annahme auch negativer Gefühle, um die daraus gewonnenen Erfahrungen auch auf die Mitmenschen übertragen zu können
4. Das Bewusstwerden des eigenen Innenlebens, um ein Verständnis für Gefühle, Denkabläufe und Motive zu bekommen

Eng mit der Achtsamkeit verwandt sind die Selbstaufmerksamkeit, also das Ausrichten der Aufmerksamkeit auf die Innenwelt, und die Selbstreflexion. Während bei der Selbstaufmerksamkeit die eigenen Einschätzungen, die Stimmungen und Einstellungen im Mittelpunkt stehen, bedeutet Selbstreflexion eine gedankliche Auseinandersetzung mit den eigenen Reaktionen auf bestimmte Erlebnisse. In der Art eines inneren Lernprozesses werden bei der Selbstreflexion verschiedene Probleme und deren Bedeutungen für sich selbst analysiert, um daraus neue Erfahrungen schöpfen und das eigene Verhalten ändern zu können. In der Psychoanalyse sieht man deshalb in der Achtsamkeit eine Gegenbewegung zur Verdrängung und Verleugnung.

Wenn wir nicht achtsam in alle Richtungen sind, können wir die Umwelt und unsere Mitmenschen – mit all ihren Facetten – nicht voll erfassen und deshalb auch nicht wertschätzen.

Gegenstücke zur Achtsamkeit sind Gedankenlosigkeit und Unachtsamkeit. Da Gedankenlosigkeit nichts anderes bedeutet, als keine alternativen Standpunkte einzunehmen oder keine neuen Erkenntnisse zuzulassen, kann sie kaum mit Wertschätzung verbunden sein. Unachtsamkeit ist am besten als Schutzmechanismus zu interpretieren, der dazu dient, einer Konfrontation mit eigenen Emotionen und Motivationen aus dem Weg zu gehen.

Sowohl Gedankenlosigkeit als auch Unachtsamkeit sind intuitiver als die aktiv gerichtete Achtsamkeit. Mag sein, dass die Wertschätzungskrise unserer Zeit auch mit einer gewissen Gedankenlosigkeit in einer stressdurchdrungenen und reizüberladenen Lebenswelt zu tun hat. Wenn die Achtsamkeit fehlt, ist echte Wertschätzung jedenfalls nicht möglich.

Den Wert der anderen würdigen: Respekt oder Achtung

Respekt ist eine besondere Unterform der Wertschätzung, welche am besten als »anerkennende Berücksichtigung des Wertes« definiert wird. Der Begriff stammt vom lateinischen Wort »respectio« ab, welches Rückschau oder Rücksicht bedeutet. Die wörtliche Übersetzung »Wieder-Schau« bezieht sich auf die wiederholte Betrachtung und genaue Beurteilung eines neuen Eindrucks, um die Flüchtigkeit und Oberflächlichkeit des ersten Blickes zu korrigieren. Erst nach kritischer Prüfung der anfänglichen Einschätzung gelangt man zu einem anerkennenden Urteil und damit zum Respekt.

Respekt kann sich allgemein auf die Würde des Menschen, auf einzelne Eigenschaften oder seine Rechte und Werte, seine Ziele und Lebensentwürfe beziehen. Er wird anderen Personen, Gruppen, Nationen, Institutionen, Religionen und Kulturen, auch Naturerscheinungen oder bestimmten Ereignissen entgegengebracht. Respekt äußert sich in Anerkennung, aber auch in Vorsicht gegenüber anderen oder in Angst vor Autoritäten. Nach einer anerkannten, allerdings sehr sperrigen Definition der Respect Research Group an der Universität Hamburg wird Respekt definiert als »Einstellung eines Menschen einem anderen gegenüber, durch welche er in diesem einen Grund erkennt, der es aus sich heraus rechtfertigt, ihn zu beachten und auf solche Weise zu agieren, dass bei ihm über Resonanz das Gefühl entsteht, in seiner Bedeutung und seinem Wert erkannt beziehungsweise anerkannt zu sein«.[8]

Respekt setzt immer Toleranz voraus, also das Dulden fremder Überzeugungen, Werte und Lebensformen. Und ohne Bereitschaft zum Wechsel seiner Wahrnehmungen, ohne Selbstreflexion und ohne Kontrolle der eigenen Emotionen – also ohne Aufmerksamkeit und Achtsamkeit – ist eine respektierende Haltung gar nicht möglich.

Verschiedene Formen des Respekts

In der aktuellen Forschung unterscheidet man vor allem zwischen zwei Arten von Respekt:

- **Anerkennender Respekt** wird Menschen wegen ihres Menschseins entgegengebracht. Er ist deshalb nicht zu relativieren oder abzustufen. In der Regel schließt er Verpflichtungen für den Respektgeber mit ein, beispielsweise diejenige, Leistungen oder Kultur eines anderen Volkes zu würdigen.
- **Wertschätzender Respekt** hingegen ist durch die positive Haltung gegenüber anderen gekennzeichnet. Dabei ist, anders als im ersten Fall, eine Differenzierung möglich – wir können jemanden mehr oder weniger wertschätzen. Deshalb wird er auch beurteilender Respekt genannt.

Ferner spricht man in der Wissenschaft auch noch von positionalem Respekt, den man ausschließlich aufgrund seiner Position oder Stellung bekommt. Große Ähnlichkeit damit weist der institutionale Respekt auf, durch welchen nicht eine Person, sondern die dahinterstehende Institution (Organisation, Partei, Kirche …) respektiert wird. Diese Formen nehmen spätestens seit der 1968er-Revolution ständig ab.

Besondere Formen des Respekts sind die Pietät und die Ehrfurcht. Mit Pietät bezeichnete man ursprünglich das pflichtbewusste Benehmen gegenüber Gott und Mensch. Heute ist damit hauptsächlich jener Respekt gemeint, den man Tod und Toten entgegenbringt. Pietätloses Verhalten gilt als besonders verwerflich, weil es sittliches und religiöses Empfinden, moralische Wertvorstellungen und intimste persönliche Werte tief verletzt. Oft geht es pietätlos Agierenden um demonstrativen Tabubruch und provokative ethnische Verletzungen. Klassische Beispiele sind Grabschändungen oder, wie zum Beispiel in einer Meldung des »Göttinger Tageblattes« berichtet, die pietätlose Provokation muslimischer Institutionen.

Pietätlose Provokation

Nach islamfeindlichen Schmierereien an muslimischen Einrichtungen in Göttingen hat sich der Vorstand der türkischen Ditib-Moschee besorgt gezeigt. Göttinger Muslime seien zunehmend ängstlicher, was fremdenfeindliche und antiislamische Entwicklungen angehe. An der Moschee einer Nachbargemeinde sei schon einmal ein abgehackter und blutiger Schweinskopf mit einem Hakenkreuz hinterlassen worden, heißt es in einer Mitteilung. In der Vergangenheit sei die Ditib-Moschee mehrfach mit Steinen beworfen worden, Drohbriefe seien eingegangen. Ein Hakenkreuz sei auf der Eingangstür eingeritzt worden. Deshalb führe man mittlerweile Videoüberwachung durch.

Dabei sei die Gemeinde angetreten, um den Prozess der Integration voranzutreiben und ein verständnisvolles Miteinander ohne Vorurteile zu schaffen.

Ebenfalls aus dem religiösen Bereich stammt die gesteigerte Form des Respekts, die als eine der edelsten Emotionen geltende Ehrfurcht. Diese mit Furcht verbundene Form der Verehrung wird allem Erhabenen, besonders den göttlichen, geistigen und weltlichen Mächten, auch Wissenschaft und Kunst oder Kirche und Staat entgegengebracht.

Die Bedeutung der Ehrfurcht als eine der höchsten Formen der Wertschätzung zeigt sich in diversen religiösen, wissenschaftlichen und literarischen Schriften. So ist sie im vierten Gebot enthalten: »Ehre deinen Vater und deine Mutter …« (zweites Buch Mose, 20,12), das im Sinne von Ehrfurcht auszulegen ist. Im Koran, Sure 22, 37, heißt es: »Ihr Fleisch erreicht Allah nicht, noch tut es ihr Blut, sondern alle Ehrfurcht ist es, die ihn erreicht.« Der große Johann Wolfgang von Goethe (1749–1832) sieht in der Ehrfurcht gegenüber der Natur, den Mitmenschen und Gott sogar den Angelpunkt der Welt. Und selbst ein so rational denkender Wissenschaftler wie Albert Einstein (1879–1955) hat gesagt: »Wer sich nicht mehr wundern und in Ehrfurcht verlieren kann, ist seelisch bereits tot.«

Respekt auf der zwischenmenschlichen Ebene

Auf der Beziehungsebene ist Respekt ein regulierender Faktor, welcher unberechenbares Verhalten reduziert, die Kommunikation in achtsamen Bahnen hält und für ein Gleichgewicht zwischen Geben und Nehmen sorgt. Respekt kann sich aber durchaus auch als zweckorientiert erweisen, wenn man Respekt für sich fordert. Er dient dann etwa dem Selbstschutz, der Förderung des Selbstwertes oder der Stärkung der eigenen Macht.

Sprachlich wird der Respekt oft nicht unmittelbar gefordert oder gezeigt – man hat offensichtlich zu viel Respekt vor dem Respekt. Das Anliegen wird vielmehr indirekt und durch das Balancieren zwischen Nähe und Distanz zum Ausdruck gebracht. Mit indirekter Rede und vagen Andeutungen lassen sich Grobheiten und Entblößungen vermeiden. Gleichzeitig trifft man damit Vorsichtsmaßnahmen gegen eigene Angreifbarkeit, man muss nicht direkt zu seinen Äußerungen stehen. Beliebt ist auch die sprachliche Selbstverkleinerung, welche nicht nur als »fishing for compliments« zu verstehen ist, sondern auch als Versuch, Respekt zu signalisieren. Die Macht des Gegenübers wird damit untermauert, sodass der Betreffende keine Angst vor Gesichts- und Kontrollverlust haben muss.

Schließlich stellen Rituale eine besondere, starre Form der Respektbezeugung dar, durch welche sich allzu persönliche Exposition vermeiden lässt. Als symbolische Handlungen (etwa Kreuzzeichen oder Verbeugung), die aus uralten Traditionen abgeleitet werden und nach vorgegebenen Regeln ablaufen, garantieren sie den notwendigen Respekt gegenüber Mitmensch, Brauchtum, Staatswesen oder Religion und geben gleichzeitig Halt und Orientierung.

Fehlender Respekt wird oft als das Recht der Jugend bezeichnet und mit Originalität, Keckheit und Mut assoziiert. Nicht selten erlebt man respektloses Verhalten als einen frischen Wind, der Traditionen über Bord schmeißt, Vorurteile überwindet und neue Perspektiven eröffnet. Allerdings bereitet respektloses Agieren oft Ärger und führt zu Konflikten, manchmal zu Kränkungen und Verletzungen. Neben der Respektlosigkeit sind Verachtung und Ressentiment Gegenpole zum Respekt. Hier handelt es sich um rein destruktive Haltungen.

Positive Rückmeldungen geben: Anerkennung

»Anerkennung ist ein wundersam Ding: sie bewirkt, dass das, was an anderen hervorragend ist, auch zu uns gehört.« Dieses Wort des französischen Philosophen und Schriftstellers Voltaire (1694–1778) bringt die große Annäherung des Anerkennungsbegriffes an jenen der Wertschätzung zum Ausdruck. Wertschätzung ist allerdings noch etwas mehr, sie ist wohlmeinender und ganzheitlicher als die neutralere und distanziertere Anerkennung. Letztere kann sich auf einzelne Leistungen oder besondere Situationen beziehen. Wenn etwa in der Politik der Sieg eines Mitbewerbers oder im sportlichen Wettkampf die Leistung des Gegners anerkannt wird, heißt dies nicht, dass man dem Rivalen auch schon Wertschätzung entgegenbringt. Anerkennung ist aber eine Voraussetzung echter Wertschätzung und entspricht ebenso wie diese einem psychologischen Grundbedürfnis. Sie dient der Bewahrung und Förderung des Selbstwertgefühls und ist Basis jeglicher Art von Zusammenleben, sei es in Partnerschaft und Familie, in Schule und Beruf oder in Freundschaft und Gesellschaft. Bei mangelnder Anerkennung gehen Selbstwertgefühl, Loyalität und viele Möglichkeiten der Teilnahme an konstruktiven gesellschaftlichen Prozessen verloren.

Anerkennung enthält als wichtiger positiver Verstärker in sich die darunter liegenden Stufen der Wertschätzung, nämlich Aufmerksamkeit, Achtsamkeit und Respekt.

Der Philosoph Johann Gottlieb Fichte (1762–1814) hat in seinem Werk »Grundlage des Naturrechts« den Anerkennungsbegriff systematisiert und dessen doppelte Wirkung beschrieben: »Im wechselseitigen Auffordern zu freiem Handeln und im Begrenzen der eigenen Handlungssphäre zugunsten des Anderen bildet sich sowohl individuelles wie gemeinsames Bewusstsein – eines ist nicht ohne das andere.«

In der Verhaltenstherapie gilt Anerkennung als einer der wirksamsten Verstärkungsfaktoren. Im Konzept der emotionalen Kompetenz beziehungsweise der emotionalen Intelligenz nimmt sie als »positive stroke« eine zentrale Rolle ein. Darunter versteht man jede Handlung, mit der man den Mitmenschen signalisiert, dass man sie wahrgenommen hat.

Der amerikanische Psychologe Steven Reiss (1947–2016) sieht in der Anerkennung ein grundlegendes Lebensmotiv, mit welchem sich Persönlichkeit und Verhalten der Menschen besser erklären lassen als durch die nach psychoanalytischem Verständnis bedeutenden frühkindlichen Erfahrungen. Innerhalb der von Reiss formulierten universalen Grundbedürfnisse steht Anerkennung sogar an erster Stelle.

- **Anerkennung:** Bedürfnis, Kritik und Ablehnung zu vermeiden
- **Beziehungen:** Bedürfnis nach Kontakt und Freundschaft
- **Ehre:** Bedürfnis, sich moralisch integriert zu verhalten
- **Eros:** Bedürfnis nach Sexualität
- **Essen:** Bedürfnis nach Nahrung
- **Familie:** Bedürfnis, seine Kinder zu erziehen
- **Idealismus:** Bedürfnis nach sozialer Gerechtigkeit
- **Körperliche Aktivität:** Bedürfnis nach Bewegung
- **Macht:** Bedürfnis, andere zu führen und Ziele zu erreichen
- **Neugier:** Bedürfnis, ständig zu lernen
- **Ordnung:** Bedürfnis nach Halt und Struktur
- **Rache:** Bedürfnis, sich mit anderen zu messen
- **Emotionale Ruhe:** Bedürfnis nach Stabilität
- **Sparen:** Bedürfnis, zu sammeln und zu bewahren
- **Status:** Bedürfnis nach Prestige
- **Unabhängigkeit:** Bedürfnis nach Eigenständigkeit

Die enorme Bedeutung der Anerkennung wird zwischenzeitlich auch durch Ergebnisse der Hirnforschung belegt. »Unser Gehirn giert nach Anerkennung«, sagt der deutsche Psychiatrieprofessor Joachim Bauer. Lob und Anerkennung lösen im Gehirn nämlich ähnliche Vorgänge aus wie der Konsum von Drogen, welcher unter anderem eine vermehrte Ausschüttung des Botenstoffes Dopamin bewirkt. Durch diesen wird das sogenannte Motivationssystem aktiviert, was zu positiv empfundenen Rückkoppelungen führt.

Da neben dem Dopamin auch die Produktion körpereigener Opiate und des »Kuschelhormons« Oxytocin ansteigt (siehe auch Seite 23), entsteht durch Anerkennung eine Art Glücksgefühl, das auch biologisch nachweisbar ist.

Dreh- und Angelpunkt: Wertschätzung

Die Pyramide auf Seite 57 setzt Wertschätzung an die fünfte Stelle. Das bedeutet, in der Wertschätzung sind alle vorher beschriebenen Stufen enthalten: Wenn wir aufmerksam und achtsam sind, anderen Respekt und Anerkennung zollen, pflegen wir einen wertschätzenden Umgang. Insofern bildet Wertschätzung einen Endpunkt und gleichzeitig eine Voraussetzung für die letzten beiden Stufen. Diese sind einerseits ohne Wertschätzung nicht möglich, gehen andererseits aber über sie hinaus. Unsere Wertschätzung können wir jeder Person und der ganzen Menschheit wie auch Tieren und der Natur insgesamt entgegenbringen. Vertrauen und Liebe sind, wie bereits erwähnt, nur wenigen Menschen vorbehalten.

Vertrauen – ein wichtiger Faktor im Zusammenleben

»Die größte Ehre, die man einem Menschen antun kann, ist die, dass man zu ihm Vertrauen hat«, so würdigt der Dichter Matthias Claudius (1740–1815) die höhere Form der Wertschätzung. Er räumt dem Vertrauen wohl deshalb einen so hohen Stellenwert ein, weil er die Liebe (siehe Seite 73), die nach psychologischem Verständnis in zwischenmenschlichen Beziehungen die höchste Position innehat, in einer anderen Kategorie sieht, also nicht im Sinne von Ehrbezeugungen versteht.

Obwohl Vertrauen als einer der wichtigsten Werte im menschlichen Zusammenleben gilt und der Ausdruck in der

Alltagssprache häufig gebraucht wird, gibt es dafür – wie bei so vielen Elementen der Wertschätzung – keine anerkannte Definition. Man beschreibt Vertrauen als Gefühl der Echtheit und Wahrhaftigkeit von Denken, Fühlen und Handeln gegenüber anderen Personen. Die verschiedenen wissenschaftlichen Disziplinen, die sich mit dem Thema beschäftigen, unterscheiden im Wesentlichen zwischen interpersonellem Vertrauen, Systemvertrauen und Selbstvertrauen. Sie kennen außerdem auch ein generelles, unspezifisches Vertrauen.

Während sich das interpersonelle Vertrauen auf die Mitmenschen bezieht, richtet sich das Systemvertrauen auf politische, gesellschaftliche, wirtschaftliche Abläufe und das Selbstvertrauen auf die eigenen Fähigkeiten. Im Vertrauensbegriff sind immer Hoffnung, positive Erwartungshaltung und Ausrichtung auf die Zukunft, aber auch Ungewissheit und Risiko enthalten. »Vertrauen ist der Wille, sich verletzlich zu zeigen« lautet ein bekanntes Wort, mit dem sowohl das Risiko als auch die positive Erwartung, die im Willen enthalten ist, beim Vertrauen angesprochen wird. Hingegen blendet die Zuversicht riskante Momente aus, während bei der Hoffnung die Risiken außerhalb des Einflussbereiches der betroffenen Person liegen. Im Zutrauen wiederum spricht man jemandem von vorneherein eine Kompetenz zu, ohne dass man der so bedachten Person bereits einen entsprechenden Auftrag übergeben hat.

In mehreren Untersuchungen konnte nachgewiesen werden, dass vertrauensvolle Personen resistenter gegen Stress sind als misstrauische Menschen, dass sie sich gesunder fühlen und sogar eine höhere Lebenserwartung aufweisen. Am Arbeitsplatz kann Vertrauen in die Firma, in das Management und die Kollegenschaft die Zufriedenheit aller Mitarbeiter eindrucksvoll steigern. Selbst in der wirtschaftlichen Supermacht China, wo Leistungsfähigkeit über allem steht, wurde dieser Zusammenhang erkannt: Nach einer Untersuchung der Wirtschaftspsychologen Halliwell und Huang aus dem Jahre 2011 wirkt sich eine Steigerung des Vertrauens in das Management um zehn Prozent etwa gleich positiv auf die Lebenszufriedenheit der Mitarbeiter aus wie eine Gehaltserhöhung von 30 Prozent.

Vertrauen ist ein Stück weit genetisch determiniert und wird durch verschiedene Funktionen des Gehirns beeinflusst. Die für die Angstregulierung zuständigen Amygdala-Kerne weisen bei vertrauensseligen Menschen eine reduzierte Aktivität auf. So sind Personen mit geschädigter Amygdala kaum in der Lage, die Vertrauenswürdigkeit aus Gesichtsmerkmalen einigermaßen richtig abzulesen, und werden deswegen oft Opfer von Betrügereien. Einen besonderen Einfluss auf die Entstehung von Vertrauen hat das Hormon Oxytocin, welches nicht nur die Bindung zwischen Mutter und Kind stärkt, sondern uns auch vertrauensvoller macht. Im Gegensatz dazu hat das männliche Sexualhormon Testosteron eine eindeutig vertrauenshemmende Wirkung.

Vertrauen hat positive Auswirkungen auf Gesundheit, Beziehungen und auf das Arbeitsumfeld.

Von praktischem Wert sind die von der deutschen Wissenschaftlerin Ann-Kristin Achleitner zur Förderung des Vertrauens in Unternehmen 2013[9] entwickelten Empfehlungen, welche sich auch auf Partnerschaft, Familie oder Schule und Vereine übertragen lassen:

- Ein einzelner Vertrauensbruch soll nicht unnötig aufgebauscht werden.
- Gegenseitiges Kennenlernen und Miteinander-vertraut-Werden sind sehr wichtig.
- Transparenz ist erforderlich, soll aber nicht übertrieben werden.
- Erst wenn es einen Vertrauensvorschuss gibt, entsteht Vertrauen.
- Damit sich Vertrauen überhaupt entwickeln kann, braucht es zumindest zwei Personen.

Die höchste Form der Wertschätzung: Die Liebe

Unzweifelhaft stellt Liebe die höchste, edelste und reinste, aber auch am schwierigsten zu erreichende Form der Wertschätzung dar. Den Begriff der Liebe zu beschreiben ist jedoch aussichtslos, da es sich um eines der komplexesten Phänomene überhaupt handelt. Während Liebe über Jahrhunderte unter romantischen, partnerschaftlichen und sexuellen Aspekten betrachtet wurde, befasst sich die moderne Liebesforschung mehr mit dem Verhältnis der Liebe zu Fürsorge und Bindung. Psychologisch interpretiert man Liebe in erster Linie als Emotion, aber auch als geistigen Prozess (Kognition) und in jüngerer Zeit als biologisches Geschehen, welches im Rahmen der Evolution die Funktion habe, den Erfolg der Fortpflanzung zu erhöhen. Liebe entstehe dann, so meint die Hirnforschung, wenn es zu einer Erregung bestimmter Hirnregionen komme.

Mehr psychosoziologisch orientierte Forschungsrichtungen betrachten Liebe nach der Dreieckstheorie als Zusammenspiel von Leidenschaft, Intimität und Engagement. Ein kognitiver Ansatz nimmt eine Einteilung in sechs verschiedene Liebesstile vor. Liebe kann

- romantisch
- spielerisch
- freundschaftlich
- pragmatisch
- besitzergreifend
- altruistisch

sein. Sie umfasst als eines der faszinierendsten Phänomene, als tiefstes menschliches Bedürfnis und als Ziel aller Sehnsüchte biologische, emotionale und kognitive Aspekte. Liebe ist mehr als Wertschätzung, sie ist aber ohne diese gar nicht möglich.

Wertschätzung gestern und heute

Wenn derzeit in unserer Gesellschaft eine Krise der Wertschätzung festzustellen ist und eine Wiedergeburt der Wertschätzungskultur gefordert wird, heißt dies, dass es einmal anders gewesen sein könnte und sich auch schon frühere Denker mit dem Problem befasst haben. Deshalb kann nicht überraschen, wenn wir manche jener Erkenntnisse, die wir in aktuellen Forschungsergebnissen präsentiert bekommen, im Prinzip schon in alten Worten und Weisheiten finden. So hat viel von dem, was über die Elemente und Stufen der Wertschätzung bis hinauf zur Liebe ausgeführt wurde, schon der spätmittelalterliche Theologe und Philosoph Eckehart von Hochheim, genannt Meister Eckhart (um 1260–1328), viel treffender und kompakter gesagt. In wenigen Worten beschreibt er die Bedeutung von Achtsamkeit, respektvoller Begegnung und Liebe: »Die wichtigste Stunde ist immer die Gegenwart, der bedeutendste Mensch immer der, der dir gerade gegenübersteht, und das notwendigste Werk ist immer die Liebe.«

Der Gegenpol der Wertschätzung

»Schreib Kränkungen in den Staub,
Wohltaten in den Marmor!«
BENJAMIN FRANKLIN

Als klassische Gegensätze der Wertschätzung präsentieren sich in unserer Gefühlswelt alle Arten von Kränkungen, Beleidigungen und psychischen Verletzungen. Während Lob und Anerkennung positive Emotionen wie Befriedigung, Freude oder Stolz auslösen, empfinden wir das Gefühl des Gekränktseins, welches von Bedrücktheit, zwanghaftem Grübeln und quälerischen Zweifeln beherrscht ist, als nahezu konträr. Dennoch wäre es zu einfach, Wertschätzung nur als das Gegenteil der Kränkung zu definieren. Letztere besteht einerseits aus einem sozialen Prozess, einer Interaktion zwischen jemandem, der kränkt, und der Person, die gekränkt wird, sowie andererseits dem eigentlichen Inhalt der Kränkung, der sogenannten Kränkungsbotschaft. Wertschätzung hingegen ist eine Einstellung der Persönlichkeit, eine Haltung, die den Charakter prägt.

Zwischen Kränkung und Wertschätzung gibt es trotz aller Unterschiede und Gegensätzlichkeiten viele Gemeinsamkeiten: Beides sind relativ unspektakuläre psychische Phänomene, weit entfernt von dramatischer Symptomatik. Trotz ihrer Unscheinbarkeit können sie eine enorme psychische Kraft entfalten, Kränkung in negative und Wertschätzung in positive Richtung. Beide werden tabuisiert und nicht selten verdrängt. Weder für Wertschätzung noch für Kränkung gibt es befriedigende wissenschaftliche Definitionen und psychologische Konzepte. Sowohl die Kränkung als auch die Wertschätzung werden als Thema im sozialen Leben zu wenig beachtet und sind in der Psychotherapie nicht genügend verankert.

Das Wesen der Kränkung

»Was kränkt, macht krank, und was beleidigt, erzeugt Leid« lautet ein seit dem Mittelalter bekannter Spruch, welcher den Zusammenhang zwischen psychischer Belastung und Auftreten von Krankheiten beschreibt und den Grundgedanken der psychosomatischen Medizin enthält. Allein die Worte »Kränkung« und »Beleidigung« bringen vieles zum Ausdruck, was in der heutigen Zeit übersehen oder schlichtweg ignoriert wird: die überragende Bedeutung von Kränkungen und der ihnen ähnlichen Beleidigungen als Ursache vieler menschlicher Problemen.

Die enorme Macht, welche Kränkungen als soziale Interaktionen entfalten können, lässt sich ohne Übertreibung so zusammenfassen: »Was kränkt, macht krank, was kränkt, führt zu Krisen, was kränkt, kann Kriminalität und Kriege verursachen.«

Mehrere Umfragen haben ergeben, dass mangelnde Wertschätzung zu den häufigsten und effektivsten Kränkungsformen zählt. Deshalb kommt man bei der Beschäftigung mit Respekt und Anerkennung am Kränkungsthema gar nicht vorbei. Ohne Kenntnis des Wesens, der Symptomatik und der Entwicklung von Kränkungen lässt sich echte Wertschätzung kaum verwirklichen. Soll eine zwischenmenschliche Begegnung, welcher Art auch immer, von gegenseitiger Wertschätzung getragen sein, müssen sich alle Beteiligten des Kränkungspotenzials ihrer eigenen Äußerungen und Verhaltensweisen bewusst sein und auf die Kränkungsgrenze des Gegenübers achten. Dies ist nicht ganz einfach und erfordert Einfühlungsvermögen, Behutsamkeit und eine besondere kommunikative Sensibilität.

Während die Auswirkungen von Grobheiten, von Tadel und Beschimpfungen oder von destruktiver Kritik und offensichtlicher Entwertung jedermann bewusst und leicht zu erkennen sind, spielen sich Kränkungen unter der Oberfläche ab. Ihr Feld ist der psychologische Hintergrund, überwiegend der innerseelische Bereich. Sie sind schwer zu fassen, werden außerhalb des therapeutischen Rahmens kaum zur Sprache gebracht und in ihren Folgen maßlos unterschätzt. In dieser Verdrängung und Tabuisierung liegt wohl einer der wichtigsten Gründe, weshalb Kränkungen von den Mitmenschen viel zu wenig ernst genommen und von den Betroffenen meist nicht thematisiert werden, ja sie ihnen oft sogar nicht einmal bewusst sind.

Vermeintliche Kleinigkeiten mit großer zerstörerischer Wirkung

Zum Wesen der Kränkung gehört die Diskrepanz zwischen der enormen subjektiven Bedeutung für den Gekränkten und der objektiven Einschätzung durch Außenstehende. Daher ist es den meisten Betroffenen auch peinlich, über Kränkungen zu sprechen. Man will kein Schwächling sein, nicht zeigen, welche Wirkung scheinbare Kleinigkeiten auf einen haben, und sich nicht lächerlich machen. Jeder scheut sich, seine inneren Probleme und sensiblen Seiten offenzulegen. Wenn Kränkungen verschwiegen und verdrängt werden, entsteht erst jener »Psychotop«, in dem sie heranwuchern können. Sie gedeihen auf dem Boden des Hintergründigen, des Verdrängten und der Tabuisierung. Hinter einer nach außen mühsam aufrechterhaltenen, manchmal nahezu peinlich wirkenden Fassade wuchern Kränkungen über lange Zeit dahin, stauen sich auf und gelangen, oft ausgelöst durch ein eher geringfügiges Ereignis, erst nach Monaten oder Jahren zum Durchbruch. Vergleichbar ist dies einem aus der Chaostheorie bekannten Vorgang, wonach der Flügelschlag eines Falters in Amazonien unter bestimmten Umständen einige Wochen später einen Wirbelsturm in Texas auslösen könnte.

Wie die Wertschätzung positive und förderliche Stimmungen auslöst und trägt, so entfalten Kränkungen trotz ihrer Unscheinbarkeit eine enorme destruktive Kraft. Vergleichbar einem unter der intakten Haut dahinwuchernden, von außen kaum erkennbaren Vereiterungsprozess können sie zu Ursachen von Krisen und neurotischen Störungen, von psychosomatischen Leiden und depressiven Erschöpfungszuständen, von Zerwürfnissen in Partnerschaften und Familien, von Konflikten am Arbeitsplatz und Auseinandersetzungen in der Berufswelt, ja von bewaffneten Konflikten und Kriegen werden. Für die Mitmenschen bleibt der Kränkungsprozess jedoch hinter der gerade heute so beliebten Maske der Coolness meistens verborgen. Der Gekränkte, welcher ständig unter psychischem Stress steht, fühlt sich indes wie ein Vulkan vor dem Ausbruch: Im Inneren toben Emotionen wie Frustrationen, Ärger, Aggressionen und Wut. Nach außen hin wird dies abgeschirmt und hinter scheinbarer Abgebrühtheit versteckt. Ein unbedeutender Anlass kann nicht verarbeitete Probleme aufwühlen und zu sogenannten Re-Inszenierungen alter Kränkungsvorgänge führen. Für die Umgebung unvermutet, bringt dann ein Tropfen das von Frustrationen volle Fass zum Überlaufen. Deshalb kann man als Außenstehender meist nicht verstehen, wie eine Bagatelle eine solch überschießende Reaktion auslösen kann.

Sehnsucht nach Geborgenheit

Die 26-jährige Rita hatte ein weitgehend unauffälliges Leben geführt, bis sie im Stiegenhaus ihrer Arbeitsstelle mit nackter Faust ein Fenster einschlug und sich mit einer Glasscherbe massive Wunden im Halsbereich zufügte. Trotz großen Blutverlustes überlebte sie. Vorerst konnte der absolut ernst gemeinte Selbsttötungsversuch nicht erklärt werden. Rita nannte kein Motiv, sie litt an keinen mit Suizidgefahr verbundenen Störungen, war nicht einmal depressiv und hatte mit Drogen nur geringe Erfahrung. Das Ende einer längeren

Partnerschaft vor einigen Monaten belaste sie nicht mehr, betonte Rita wiederholt.

In den psychotherapeutischen Gesprächen kristallisierte sich als Auslöser die unerwartete Einteilung zum Wochenenddienst an ihrem Arbeitsplatz heraus. Die Chefin meinte, da Rita keine Familie und keinen Mann habe, versäume sie ja nichts. Die immer gewissenhaft und verlässlich arbeitende junge Frau hatte sich, so ergaben die psychologischen Analysen, zeit ihres Lebens allein gelassen gefühlt. Von Kindheit an sei sie immer wieder verlassen worden, berichtete Rita, vom Vater nach der Scheidung der Eltern, später auch von der Mutter, wiederholt von Freunden und Partnern. Ihr inneres Leben wurde von der Angst vor dem Alleinsein und der Sehnsucht nach partnerschaftlicher Sicherheit und familiärer Geborgenheit beherrscht. Besonders die letzte Trennung hatte Rita, trotz ihrer anfangs gegenteiligen Versicherungen, noch keineswegs überwunden. Die als ungerechtfertigt erlebte Einteilung zur Arbeit an den »Familientagen« habe ihr »das Elend der Beziehungslosigkeit« drastisch bewusst gemacht und sie in einen verzweifelten Zustand gestürzt, konnte Rita im Lauf der Behandlung herausfinden.

Kränkung – ein entwertender Prozess

Kränkungen sind, dies wurde bereits betont, mehr als eine Emotion. Werden sie genau analysiert und beschrieben, stellen sie eine Kommunikation oder eine soziale Interaktion zwischen drei Eckpunkten dar, nämlich zwischen

1. jemandem, der kränkt, dem »Kränker« oder »Kränkungsabsender«,
2. jemandem der gekränkt wird, dem »Gekränkten« oder dem »Kränkungsempfänger«, und schließlich
3. dem eigentlichen Kränkungsinhalt, der sogenannten Kränkungsbotschaft.

Für den Einfluss dieser Pole auf das Kränkungsgeschehen können folgende Faustregeln gelten:

1. Eine Kränkung sitzt umso tiefer, je wichtiger die kränkende Person in der Welt des Gekränkten ist. Menschen, zu denen man kein Nahverhältnis hat oder die man gar nicht kennt, können zwar das Ehrgefühl verletzen, aber kaum jemanden in seinem Inneren treffen. Hingegen weisen Kränkungen durch einen Menschen, den man mag, bewundert oder verehrt, ein enormes Gewicht auf. Darin liegt auch der Grund für das große Zerstörungspotenzial von Kränkungen in der Partnerschaft. Sie hängen nicht nur vom Reibungsverlust durch das ständige Zusammensein ab. Vielmehr haben sie deswegen so starke Auswirkungen, weil der Kränkungsabsender von großer Wichtigkeit ist, weil er jener Mensch ist, den man am meisten liebt oder zumindest einmal geliebt hat.

2. Kränkungen können nur dort ansetzen, wo sie auf sensible Stellen des Gekränkten treffen. An anderen seelischen Orten docken sie gar nicht an, sie verpuffen dann wie Schall und Rauch. Solch sensible Punkte sind persönliche, religiöse, politische und gesellschaftliche Werte sowie nicht verheilte Wunden (wie in der Fallgeschichte von Rita auf Seite 78 bis 79). Besonders empfindlich sind jene Bereiche, für die man sich Wertschätzung erwartet. Kränkungsmuster lassen deshalb Rückschlüsse zu auf alles, was uns wichtig ist, auf noch nicht verarbeitete seelische Verletzungen und das manchmal gar nicht bewusste Bedürfnis nach positiver Zuwendung.

3. Jede Kränkungsbotschaft enthält zumindest einen wahren Kern. Je größer dieser ist, desto mehr wird die Kränkung treffen. Oft beleuchtet der Kränkungsinhalt jedoch einen

blinden Fleck, also etwas an oder in uns, das wir selbst nicht wahrnehmen. Manchmal fällt er auf verschattete Anteile unseres Innenlebens, sodass wir den »wahren Kern« nicht erkennen. Vielleicht bringt ein kränkendes Wort zur Sprache, was im wahrsten Sinne des Wortes für uns selbst »unsäglich« ist. Wenn scheinbare Kleinigkeiten jemanden zutiefst irritieren, heißt dies, dass eine falsche Bemerkung oder schroffe Geste etwas Traumatisierendes aus der Vorgeschichte des Betroffenen angerührt hat. Bei konstruktiver Auslegung der Kränkungsbotschaft kann diese einen wichtigen Hinweisgeber für oft unbewusste Konflikte darstellen und zum Ausgangspunkt einer heilenden Verarbeitung werden.

Mit welchen konkreten Mitteln eine Kränkung auch stattfindet, immer stellt sie eine Ab- oder Entwertung des Gekränkten dar. Diese Herabwürdigung kann rein subjektiv empfunden sein, dann fühlen wir uns ganz persönlich vom Absender beleidigt. Das kommt häufig in Paar- oder auch Eltern-Kind-Beziehungen vor. Sie kann aber auch weitere Kreise ziehen, wenn Kränker beabsichtigen, dass die Entwertung auch von anderen wahrgenommen wird. Dies wäre zum Beispiel der Fall, wenn jemand ohne Ihr Wissen im Internet Nacktfotos von Ihnen veröffentlicht oder in der Firma Gerüchte über Sie verbreitet, die Ihren Ruf schädigen.

Kränkungen können sehr privat bleiben, etwa innerhalb einer Familie, oder in einem größeren sozialen Kontext stattfinden, beispielsweise in einem Unternehmen, in der Gemeinde oder im Internet.

Krank durch fehlende Wertschätzung

Wenn Kränkungen, Beleidigungen und Traumatisierungen als Ursachen vieler psychischer Störungen und menschlicher Probleme gelten, trifft dies in besonderem Maße für die Kränkung durch mangelnde Wertschätzung, also durch Nicht- oder Missachtung zu. Denn kaum etwas wird als so kränkend erlebt wie vorenthaltene Anerkennung, fehlendes Lob und nicht erfüllte Wünsche nach positiver Zuwendung. Kränkungen treffen ja, wie dies wiederholt betont wurde, stets auf das innerste Ich und stacheln die menschliche Urangst vor Liebesverlust intensiv an. Wenn positive Resonanz fehlt beziehungsweise negative ausgelöst oder verstärkt wird, etwa durch Missachtung oder Kränkung, steigt die Sorge, nicht genügend geliebt zu werden. Dies führt zwangsläufig zu Minderwertigkeitsgefühlen und Selbstwertzweifeln, woraus neurotische Störungen resultieren können.

So lässt sich gut erklären, weshalb fehlende Wertschätzung eine psychosomatische Fehlentwicklung anstoßen kann. Denn der ständige Kampf um Anerkennung bedeutet permanenten Stress, und zwar nicht den positiven Eustress, der Schwung und Euphorie vermittelt, sondern Disstress, also die unangenehme, kräftezehrende und schädliche Form der Stressreaktion. Nach psychosomatischer Vorstellung wird der »Stresskampfplatz« an einem Organ oder Organsystem fixiert, welches Ausdruck dieses Konfliktes ist. Im Falle vermisster Wertschätzung wird dies meist das Organ der Emotionen, das Atemsystem, oder jenes der Existenz, also das Herz, sein.

Das nicht gelobte Genie

Ein junger Mann, nennen wir ihn Johannes, hatte sich am Telefon mit den Worten »Ich bin eine gescheiterte Existenz« für meine Sprechstunde angekündigt. Mehrfach hatte er die Studienrichtungen gewechselt, einen Abschluss nie geschafft. An diversen Arbeits-

plätzen hielt er es nie lange aus. Partnerschaften erwiesen sich als flüchtig, die Verbindung zum Elternhaus wurde nur noch durch die Angehörigen, nicht von seiner Seite, aufrechterhalten.

Als Johannes mir gegenübersaß, klagte er über Angstgefühle, Migräne und Asthma, über Depressionen und Ziellosigkeit. Zuletzt hatte er regelmäßig zu Beruhigungsmedikamenten, immer häufiger zu Cannabis gegriffen. Er habe die Kraft verloren, sehe sich als Versager und sei eine Schande für die Familie, resümierte er. In der psychiatrischen Analyse zeigte sich das Bild eines in vielerlei Hinsicht begabten, höchst intelligenten, ursprünglich ungemein aktiven und kreativen Menschen. Er war in den ersten Schuljahren immer Klassenbester und galt bei den Mitschülern als »kleines Genie«, nicht als Streber. Während der Pubertät geriet er aus mehreren Gründen in eine Krise, seine positive Entwicklung zeigte einen schweren Knick.

Unter den vielen Ursachen dafür, die während der Therapie herausgearbeitet werden konnten, blieb Johannes an einer scheinbar unspektakulären Episode lange Zeit hängen: Ein Deutschlehrer, den er sehr verehrte, verteilte eines Tages die korrigierten Schularbeiten und würdigte die Mitschüler mit den besten Noten. Johannes habe er seine Arbeit – sie war wie immer die allerbeste – mit den Worten überreicht: »Den Johannes darf man nicht loben, sonst wird er größenwahnsinnig!«

Deutlich wird hier vor allem, dass auch die Besten und die Genies Wertschätzung für sich nicht selbst produzieren können. Auch sie sind auf positive Zuwendung und Anerkennung durch andere angewiesen, um gesund zu bleiben und ein zufriedenes Leben führen zu können.

Kränkung als Machtmittel

Kränkungen haben neben ihrem entwertenden und – auf psychischer und körperlicher Ebene – gesundheitsschädigenden Charakter noch einen weiteren Aspekt: Sie sind ein Machtmittel, eine Waffe, und zwar für den, der gekränkt ist. Ein sichtlich gekränkter Mensch verbreitet auf seine Umgebung eine »Aura des Schuldigseins«. In seiner Anwesenheit erfasst die Mitmenschen das Gefühl, irgendwie für seine Unzufriedenheit und seine Probleme verantwortlich zu sein. Da die Bezugspersonen nicht so recht wissen, worin nun das schuldhafte Verhalten bestehen soll, steigt nicht nur deren Verunsicherung, sondern auch die Bereitschaft zur Wiedergutmachung, zur Entschuldigung und zur Hilfe. Dies gibt dem, der beleidigt ist oder dieses überzeugend vorspielt, große manipulative Macht.

Gekränktheit verschafft tatsächlich, wie dies der Journalist Jens Jessen ausdrückt, einen privilegierten Zugang zu Aufmerksamkeit, Zuwendung und Anerkennung. Daraus seien der heute durch die Welt tobende Sturm der Kränkungsgefühle, der Wettlauf um die größten Kränkungen, der Hunger nach Anerkennung, der Konkurrenzkampf um die Opferrolle sowie der Gewinn durch das Beleidigtsein zu erklären. Dem Gekränkten sei wirtschaftlicher und moralischer Kredit sicher. »Dem Dürstenden geht es nicht um Wasser, er will Anerkennung seines Leidens«, fasst Jessen die Situation treffend zusammen. Zu einem ähnlichen Schluss kam der bosnische Schriftsteller Miljenko Jergović, der nach den Balkankriegen verbittert meinte: »Es gibt keinen größeren kollektiven Genuss für eine Volksgruppe, denn als Opfer zu leben.«

Die manipulative Kraft des Gekränktseins gilt es in jeder menschlichen Begegnung, die wertschätzend sein soll, zu bedenken – und möglichst nicht einzusetzen.

Wie wir mit Kränkungen am besten umgehen

Wenn wir nun tatsächlich in einer durch und durch gekränkten Gesellschaft leben und sich eine Kultur des Beleidigtseins verbreitet, liegt die Lösung oder – wenn man so will – die Heilung auf der Hand. Dabei spielt keine Rolle, ob das Gekränktsein heute nur besser wahrgenommen oder aus opportunistischen Gründen gepflegt wird, ob Kränkungen in einer Gesellschaft, in der Traumatisierungen eher selten vorkommen, mehr an Bedeutung erlangen oder sie schlichtweg endlich ernst genommen werden. Tatsache ist, dass Kränkungen eine psychologische Supermacht und Ursache von vielen Leiden, Konflikten und Tragödien sind. Deshalb ist es erforderlich, ihnen wirksam entgegenzutreten, was nur durch Enttabuisierung und mehr Aufmerksamkeit, durch zwischenmenschliche Zuwendung und Anerkennung – also durch bessere Wertschätzung – möglich ist.

Wertschätzung als Vorbeugung und »Medizin«

Stünde die Wertschätzung im Mittelpunkt zwischenmenschlicher Kommunikation, ließen sich zahlreiche Probleme beheben und sehr viele verhindern. Wertschätzung stellt bei fehlender Empathie, mangelnder Beachtung, Geringschätzung und Gekränktheit das Gegenmittel schlechthin dar. Sie findet deshalb in modernen Beratungs- und Therapiemethoden immer mehr Beachtung. Schon wenn ein Therapeut oder Coach seine Klienten und Patienten nach ihren Kränkungen fragt und sie über ihre tabuisierten Ängste und verheimlichten Nöte sprechen lässt, fühlen sie sich wertgeschätzt.

Die bei Kränkungen erprobten Verhaltensweisen und Bewältigungsreaktionen zeigen Möglichkeiten, wie Sie als »Opfer« mit Entwertungen aller Art, mit fehlender Anerkennung, vorenthaltenem Lob und mangelndem positivem Feedback umgehen können. Wichtig dabei ist, zu wissen: Wertschätzung kann man, wiewohl man sie ständig einfordern soll, nicht erzwingen. Es geht also darum, wie Sie in einer wenig wertschätzenden Welt mit dem als ungerecht erlebten Mangel zurechtkommen können. Dabei haben sich folgende Schritte bewährt, die ich hier für Sie zusammengestellt habe:

Impuls

1. **»Lufthoheit« über das Kränkungsgeschehen gewinnen:** Nehmen Sie sich etwas aus dem Kränkungsgeschehen heraus, indem Sie für sich klären, welche Bedeutung der Kränkungsabsender in Ihrem Leben hat, wie die Kränkungsbotschaft konkret lautet und warum die Kränkung Sie so stark trifft.

2. **Transparenz schaffen durch Ansprechen:** Bringen Sie die Kränkung dem Absender gegenüber zur Sprache. Ihm ist das kränkende Verhalten vielleicht gar nicht bewusst. Und allein durch das Formulieren des Problems verliert dieses an Schärfe.

3. **Die Kränkungsbotschaft analysieren und als Lehre nutzen:** Führen Sie fort, was bei Punkt 1 begann und durch Punkt 2 erleichtert wird. Versuchen Sie herauszufinden, welche Schwachstelle in Ihnen durch die Kränkung getroffen wurde. Durch eine solche Reflexion können Sie Ihre Emotionen versachlichen, und Sie gewinnen Distanz.

4. **In die Haut der kränkenden Person schlüpfen:** Versuchen Sie, sich in Ihr Gegenüber, den »Feind«, einzufühlen und dessen Beweggründe ausfindig zu machen. Das führt nicht nur zu einem besseren Verständnis der Situation, sondern stärkt auch Ihre eigene Empathiefähigkeit und Ihr eigenes Wertschätzungspotenzial.

5. **Eigene Kränkungsmuster reflektieren und durchbrechen:** Überlegen Sie, wie Sie üblicherweise auf Kränkungen reagieren – mit Wut, Schweigen, Rachegefühlen? Wenn Sie sich solche beherrschenden, oft automatisch ablaufenden Reaktionsmuster bewusst machen, tun Sie den ersten Schritt, sich von ihnen zu befreien. Das ermöglicht Ihnen dann auch einen bewussteren und distanzierteren Umgang mit Kränkungen.

6. **Loslassen:** Akzeptieren Sie die Wunden, die erlittene Kränkungen und Verletzungen bei Ihnen hinterlassen haben, aber reißen Sie sie nicht wieder auf. Lassen Sie sie hinter sich, ohne sie zu verdrängen. Die vorhergehenden Punkte und die Besinnung auf Ihre Stärken und Fähigkeiten helfen Ihnen dabei.

7. **Perspektivenwechsel:** Das, was passiert ist, können Sie nicht ändern, Sie können es aber bewusst neu bewerten. Mit etwas zeitlichem Abstand beispielsweise sieht ein Ereignis ganz anders aus, als wenn Sie mitten drin stecken. Auch ein Blick auf die Nöte anderer kann eine Umwertung bewirken. Und nicht zuletzt helfen die vorher beschriebenen Punkte, sich emotional von den Wunden zu distanzieren.

8. **Verzeihen:** Schwierig, aber nicht unmöglich im Umgang mit Kränkungen sind Vergebung und Verzeihung. Gelingt es, wird die Erinnerung an erlittenes Leid nicht mehr von destruktiven Gefühlen begleitet sein, sie wird die Wunde nicht wieder aufreißen. Gelingt es nicht – was menschlich ist – dann hilft Ihnen vielleicht das Sprichwort: »Verzeihen ist die beste Rache!«

Klare Abgrenzung als hilfreiche Strategie

Oberste Gebote sind bei Kränkungen, Beleidigungen und Entwertungen die Sicherung des Selbstwerts und die Bewahrung der Autonomie. Wenn man von der Umwelt immer weniger positive Resonanz erhoffen kann, muss man sie sich selbst geben. Das narzisstische Agieren anderer hat dort seine Grenzen, wo die der eigenen Person beginnen. Wenn das Hoheitsgebiet des Ich klar aufgezeigt und entschlossen verteidigt wird, wenn wir uns also erkennbar abgrenzen, stärkt dies den Selbstwert. Immer ist klarzustellen, dass sowohl Kränkungen als auch Inszenierungen der Gekränktheit nie auf Kosten anderer gehen dürfen und dass jedes Individuum den gleichen Wert und dieselbe Würde hat.

Die oben im »Impuls« genannten Techniken für einen konstruktiven Umgang mit Kränkungen enthalten letztlich auch Abgrenzungsstrategien. So können Sie etwa durch den vierten Punkt »In die Haut des anderen schlüpfen« einen Statuswechsel herbeiführen. Denn Sie bekommen so Einblick in die Motive Ihres Gegenübers, begeben sich damit auf eine überlegene Position und erhalten »Macht durch (psychologisches) Wissen«.

Wenn Sie bei Kränkungen nach dem darin unweigerlich enthaltenen wahren Kern suchen und sich mit diesem beschäftigen (erster und dritter Punkt), können Sie sich emotional von der Kränkung und dem Kränkungsabsender abgrenzen. Es geht dann nämlich um Sie, nicht um den anderen.

Bei der Suche nach dem wahren Kern beschäftigen Sie sich mit sich selbst, während sich das Ansprechen und Aussprechen der Kränkung nach außen richtet (zweiter Punkt). Wenn Sie die Kränkung nicht einfach wirken lassen, sondern Ihren Kränker aktiv damit konfrontieren, weisen Sie ihn ein Stück weit in seine Schranken und erobern Terrain zurück. Wenn Sie darüber hinaus versuchen, die schwer zu fassenden emotionalen Abläufe und subtilen Aggressionen, die mit Kränkungen verbunden sind, in Worte zu fassen, verlieren sie ihren destruktiven Charakter. Sie setzen der Macht ihrer Gefühlsreaktionen Grenzen, wenn Sie das scheinbar Unsägliche tatsächlich aussprechen. Ebenso ist es für einen wertschätzenden Umgang unerlässlich, Anerkennung auszusprechen und seine Wertschätzung klar zum Ausdruck zu bringen.

Besonders reife Menschen sind in der Lage, in den Feinden die besten Lehrer und in den Kränkungen beziehungsweise Entwertungen die besten Lehren zu sehen.

Wahre Größe

Die edelste und den Selbstwert in ungeahnte Höhen hebende Form jeglicher Kränkungsbewältigung wäre das Verzeihen, das allerdings über die Psychotherapie hinausgeht und eigentlich in den seelsorgerischen Bereich fällt. Verzeihen ist nicht einfach und verlangt viel an Selbstüberwindung und Verzicht – das legt schon die gemeinsame Wurzel der Wörter verzeihen und verzichten nahe. Gemeint ist der Verzicht auf weitere Schuldzuweisungen, auf Racheaktionen und Wiedergutmachung. Ebenso erfordert das Verzeihen Mut und Demut. Mut, weil durch den Verzicht auf die genannten menschlich verständlichen Reaktionen das eigene Selbstwertgefühl möglicherweise verunsichert wird. Und Demut hilft dabei, sich selbst nicht so wichtig zu nehmen. Verzeihen ist deshalb als eine besondere Form der Wertschätzung zu betrachten.

Mit Vergebung oder Verzeihung federn wir aber nicht nur Feindseligkeiten ab, sondern befreien uns selbst von den düsteren Schatten der Vergangenheit. Wenn es uns gelingt, den selbstzermürbenden Prozess aus Ärger, Grübelei, Freudlosigkeit und Rachegedanken hinter uns zu lassen, stärken wir die eigene Persönlichkeit. Wir werden souveräner, gelassener und vielleicht glücklicher. Mahatma Gandhi (1869–1948), der große Weise Indiens, hat die Wechselwirkung zwischen Verzeihen und eigenem Wert erkannt: »Der Schwache kann nie vergeben. Jemandem vergeben können ist die Eigenschaft starker Menschen.«

Wie Entwertung funktioniert

»Über nichts wird flüchtiger geurteilt
als über die Charaktere der Menschen,
und doch sollte man in nichts behutsamer sein.«
GEORG CHRISTOPH LICHTENBERG

Im vorherigen Kapitel haben wir uns unter anderem mit dem Wesen und dem entwertenden Charakter von Kränkungen beschäftigt. Nun wenden wir uns den konkreten Gegenspielern der Wertschätzung zu, also jenen Handlungen und Verhaltensweisen, die dazu taugen, andere zu entwerten und herabzuwürdigen.

Die Methoden und Mechanismen von Entwertung oder Abwertung haben sich mit zunehmender Zivilisation verfeinert. Primitive Formen wie Schlagen, Foltern, Quälen oder Inszenierungen nach der Art von Schauprozessen und öffentlichen Hinrichtungen sind weltweit zwar leider noch nicht überwunden, werden aber in aufgeklärten Gesellschaften mehr und mehr durch psychologische Formen der Herabsetzung und Entwürdigung ersetzt. Dazu gehören Diffamierung, Beschämung, Demütigung, sämtliche Spielarten von Nicht(be)achtung bis Verachtung, Zynismus und Sarkasmus.

Entwertung ist in psychoanalytischer Sichtweise ein wichtiger Abwehrmechanismus, somit ein unbewusst ablaufender psychischer Vorgang, welcher insbesondere durch Neid forciert wird und letztlich der Vermeidung von Angst dient: Andere Menschen zu entwerten und zu erniedrigen hat nach tiefenpsychologischem Verständnis die Funktion, das eigene Selbst zu schützen und zu erhöhen. Abwertung der Mitwelt und Neid sind die oft unbewussten Triebfedern vieler destruktiver Handlungen. Nach Otto Kernberg, dem weltweit anerkanntesten Psychiater, wird durch die Entwertung anderer der eigene Neid auf all das, was man bei ihnen bewundert, abgewehrt. Das heißt, wenn man die beneidete Person, ihre Leistungen oder ihren Besitz schlechtmacht, ist die eigene Missgunst leichter zu ertragen. Der Neid spielt in diesem Zusammenhang also eine grundlegende Rolle.

Neid – die Triebfeder aller Entwertungen

Neid ist auf verschiedenen Ebenen – nicht nur jener des Unterbewussten – ein unerbittlicher Gegenspieler der Wertschätzung. Nicht umsonst zählt er nach christlichem Verständnis zu den sieben Hauptlastern, oft auch Todsünden genannt, und gilt in allen Kulturen als moralisch verwerflich. Der Koran enthält verschiedene Schutzverse gegen den Neid, welcher zu Unheil und Tod führen könne. Der amerikanische Essayist Joseph Epstein bezeichnet ihn als »böseste Todsünde« und als einzige, »die keinen Spaß macht«. Evolutionspsychologisch diente der Neid dem Überleben, wovon Ausdrücke wie »Futterneid« oder »Brotneid« zeugen. Hier ist der Neid verknüpft mit der Angst, nicht genügend Nahrung zu bekommen.

Typisch für den Neider ist, sich mit anderen zu vergleichen. Daher sah man später im Gegensatz zum verwerflichen und destruktiven Neid auch einen konstruktiven Neid und in diesem einen Ansporn, all das und noch mehr für sich selbst zu erreichen, was man bei anderen beneidet. In der Neuroökonomie, die sich häufig der Methoden der Hirnforschung bedient, wurde mittels kernspintomografischer Untersuchungen belegt, dass menschliche Belohnungsgefühle immer aus dem Vergleichen geschöpft werden, also aus neidischer Perspektive. Neid könne deswegen in konstruktiver Form zum wichtigsten sozialen Antrieb werden und sei der beste Motivationsfaktor im wirtschaftlichen Wettbewerb.

Der psychologische Gegenspieler der Wertschätzung ist aber nicht der konstruktive, sondern der missgünstige, destruktive Neid. Dieser zielt eindeutig auf die Schädigung der beneideten Person und die Entwertung ihrer Leistungen und ihres Ansehens ab. Deshalb stellt er eine negative Emotion dar, die weitere böse Gefühle und Handlungen wie Feindseligkeit, Denunziation, Hass oder Schadenfreude nach sich zieht. So sehen Historiker etwa im Neid den Hauptgrund für den immer wieder aufflammenden Antisemitismus, welcher aus der Missgunst gegenüber einem überaus intelligenten, wirtschaftlich tüchtigen, weltgewandten Volk heraus entstehe.

Neid resultiert stets aus dem Gefühl der Unterlegenheit, der eigenen Schwäche, weshalb er schamhaft verschwiegen wird. Innerlich aber führt er nicht nur zu einer destruktiven Haltung, sondern greift durch seine lähmende, zu Grübelei und Depressivität führende Wirkung auch das Selbstvertrauen an. In weiterer Folge unterminiert er als belastendes und beschämendes Gefühl das Ich-Bewusstsein, ganz im Gegensatz zur Wertschätzung.

Missgunst, wie eine alte Bezeichnung des Neides lautet, ist jedenfalls nicht kompatibel mit Wertschätzung. Wenn unserer Gesellschaft eine Wertschätzungsblockade konstatiert wird (siehe Seite 6 bis 12), lässt sich dies auch mit immer häufiger festgestellten Phänomenen wie »Sozialneid« begründen. Nicht mehr die Solidarität aller in der Gemeinschaft ist gefragt, sondern der eigene Vorteil wird gesucht.

Geht im zwischenmenschlichen Umgang die Wertschätzung verloren, führt dies auf direktem Weg zur Neidgesellschaft.

Neid stellt also die Triebfeder von Entwertungen dar. Schauen wir uns nun an, welche Formen die Gegenspieler der Wertschätzung annehmen können.

Die Widersacher der Wertschätzung

Wir Menschen haben eine ganze Palette an Instrumenten zur Verfügung, die alle dazu dienen, andere abzuwerten oder gleich ganz zu entwerten. Entsprechend dem Wesen der Kränkung (siehe Seite 76 bis 81) sind sie dazu geeignet, dem Gegenüber Leid zuzufügen. Im schlimmsten Fall laufen sie auf die psychische und in der Folge sogar physische Vernichtung des »Kränkungsempfängers« hinaus. Der »Kränkungsabsender« verfolgt – bewusst oder unbewusst – die Absicht, seinen Selbstwert (wieder) herzustellen oder ihn aufrechtzuerhalten, indem er sein Gegenüber herabsetzt. Hier nun die verschiedenen Methoden und Strategien von Kränkung und Entwertung – die Widersacher der Wertschätzung – im Einzelnen:

Diffamierung

Durch Diffamierung werden rufschädigende, entwertende Gerüchte verbreitet, mit denen Konkurrenten oder politische Gegner fertiggemacht oder gesellschaftlich ausgeschaltet werden sollen. »Diffamierung bringt die Lebenden in Verruf, schmäht die Werte anderer und schändet das Andenken an Verstorbene« lautet eine bekannte Definition. Eine moderne Form des Diffamierens ist das Mobbing, speziell das Cybermobbing, also Diffamierung im Internet. Weil sich üble Nachreden jeglicher Art oft im Hintergrund und in der Anonymität abspielen, sind sie sehr schwer zu bekämpfen.

Beschämung

Mit Beschämung trifft man einen – auch im Tierreich verankerten – Instinkt, jenen der Scham. Sie wird vom Opfer als peinlich, verletzend und bloßstellend erlebt. Immer wird dem Beschämten eine Schuld zugewiesen, und Scham und Beschämung sind stets mit Gefühlen wie Beunruhigung, Unwohlsein, Grübelei und tiefe Niedergeschlagenheit verbunden. Scham, welche man im »Fremdschämen« auch stellvertretend für Familienangehörige, Gesinnungsgenossen, für seine Kultur oder Gesellschaft empfinden kann, erfasst stets die ganze Person. Beschämung hat entsprechend einen extrem destruktiven Charakter. Sie gehörte früher ins Repertoire der Erziehung, wenn zum Beispiel ein Kind vor anderen die Hosen runterlassen musste und auf den Hintern geschlagen wurde.

Das Sprichwort »Ich möchte vor Scham in den Boden versinken« zeigt den vernichtenden Charakter der Beschämung.

Manchmal mündet der mit einer Beschämung verbundene Verlust an Selbstwert in Selbstablehnung und Selbsthass, in Depressivität, ja sogar in Suizidalität. Im Talmud, der religiösen Überlieferung des Judentums, heißt es: »Lieber sterben als beschämen.« Eindrucksvoll hat der englische Pfarrer, Historiker und Schriftsteller Charles Kingsley (1819–1875) vor dieser Gefahr der negativen Wertschätzung gewarnt: »Beschäme niemals einen Menschen, so töricht und unwissend er auch sein mag, und setze ihn nie in Verlegenheit, vor allem niemals ein Kind.« Kaum ein Gegenspieler der Wertschätzung ist so klar erkennbar und so wirksam ist wie die Beschämung.

Demütigung

Die wohl folgenschwerste Form der Kränkung ist die Demütigung. Sie setzt eine einseitige Machtverteilung zugunsten des Täters und absolute Hilflosigkeit aufseiten des Opfers voraus. Sie ist immer Ausdruck einer bösartigen Aggression und bewussten Entwürdigung anderer Menschen, die in einen Zustand des völligen Ausgeliefertseins und der absoluten Hilflosigkeit gebracht werden. Eine klassische Demütigungssituation wäre beispielsweise die Folter, bei welcher die Opfer fixiert sind und sich nicht einmal theoretisch der Situation entziehen können.

Demütigungen haben immer schwere Folgen. Beim menschlichen Individuum rufen sie regelhaft posttraumatische Belastungsstörungen hervor. In der Gesellschaft können sie Ursachen von terroristischer Gewalt, ja von kriegerischen Auseinandersetzungen sein. Historisch werden heute sogar die beiden Weltkriege durch die Demütigungshypothese miterklärt.

Von Nichtbeachtung bis Verachtung

Dieser »Entwerter« ist ebenso unspektakulär wie destruktiv: die Nichtbeachtung oder Nichtachtung. Als subtile seelische Gewalt rangiert sie noch vor Geringschätzung und Missachtung, obwohl sie nicht selten mit weniger Absicht und aktivem Zutun zustande kommt.

Jeder Mensch will mit seiner Persönlichkeit, seinem Verhalten und seinen Leistungen wahrgenommen werden. Davon hängen sein Eigenwert, sein Selbstbewusstsein, seine Charakterstärke und seine Autonomie ganz entscheidend ab. Wird jemand nicht beachtet, löst dies Verunsicherung, Selbstwertzweifel, Ängstlichkeit, negative Fantasien, Grübeln über eigene Fehler, ja Wut und Rachegedanken aus. Nichtachtung ist, wie das Wort klar ausdrückt, das Gegenteil von Achtung und heißt, dem anderen Interesse, Zuwendung und Respekt vorzuenthalten. Der Nächste wird nicht einmal wahrgenommen, geschweige denn geschätzt oder gewürdigt. Menschen, die nicht beachtet werden, entwickeln das Gefühl, nicht wichtig, nicht erkannt, nicht gemocht, zuletzt gar nicht existent zu sein. Dies kann zum Beispiel bei Arbeitslosigkeit der Fall sein.

Null Interesse

Rudi, Arbeit suchend, kam in meine Sprechstunde wegen ständiger Müdigkeit und Ängsten. Er war sehr niedergeschlagen und resigniert. Im therapeutischen Gespräch kamen wir bald auf den springenden Punkt seines Problems: »Am unerträglichsten an der Arbeitslosigkeit ist nicht die finanzielle Einbuße, nicht einmal die Existenzangst – es ist das Gefühl, nicht gebraucht zu werden«, lautet Rudis bittere Erkenntnis. Nach der zwanzigsten Absage stellte er schließlich völlig resignierend fest: »Besonders entwürdigend ist es, wenn das Bewerbungsschreiben nicht einmal beantwortet wird. Meine Probleme und Sorgen interessieren keinen, mein Hilfeschrei wird nicht einmal gehört. Ich bin nichts wert. Ich scheine nicht mal mehr da zu sein.«

In der Arbeitswelt werden ignorierende Verhaltensweisen als Mobbing bezeichnet. Diese Methode ist unspektakulär, signalisiert aber immer Missachtung. Wenn jemand zum Beispiel einen Mitarbeiter nicht grüßt oder dessen Gruß nicht erwidert, ihm nicht zuhört, auf seine Anfragen nicht antwortet, wenn ein Vorgesetzter Termine unentschuldigt nicht einhält oder einzelne Gruppenmitglieder im Teamgespräch demonstrativ schneidet, versagt er (oder sie) immer bewusst Zuwendung und Interesse und damit die Wertschätzung.

Obwohl die Nichtbeachtung keine aktive Form der Machtausübung darstellt, ist sie für die Umgebung leicht als aggressives Verhalten zu erkennen und von Gedankenlosigkeit oder Zerstreuung zu unterscheiden. Die dahinterstehende böse Absicht bleibt keinem normal empfindenden Menschen verborgen. In einem polnischen Sprichwort heißt es: »Folge deinem Stern und immer nur deinem Stern! Dann können wir ungestört in der Sonne sitzen.« Dem Idealisten und seinen Ideen gegenüber wird hier mit einem eigentlich schönen Bild (»seinem Stern folgen«) und einem boshaft gemeinten Ratschlag die ganze Missachtung ausgedrückt. Die Ermunterung, mit großem Einsatz seinen Weg zu gehen, hat für den Spötter lediglich den Zweck, selbst in Ruhe gelassen zu werden.

In eindeutiger Form zeigt sich die Entwertungsabsicht in der Verachtung. Früher etwas sperrig definiert als »das Gefühl, das der Voraussetzung persönlichen Unwertes bei sich selbst (Selbstverachtung) oder bei anderen (Verachtung anderer) entstammt«, wird sie heute emotionspsychologisch und soziologisch interpretiert: Manche bezeichnen sie als menschliches Basisgefühl, andere als Mischung der Emotionen Ärger und Ekel, wieder andere als Rückstufung in der sozialen Rangordnung. Nach psychoanalytischer Auffassung ist Verachtung ein narzisstisch-aggressiver Affekt, welcher bei schweren Persönlichkeitsstörungen die Symptomatik prägen kann.

Verachtung ist immer von oben nach unten gerichtet. Als Angriff auf die menschliche Würde schadet sie der Ehre und dem Ansehen der weniger mächtigen Verachteten. Bei diesen löst sie Ärger, Groll und – berechtigt oder nicht – Schamgefühle, oft auch Rachegedanken sowie Wut und Hass hervor. »Hass dürstet nach Verachtung, und Verachtung ist Nektar für den Hass« hat der französische Dichter Jules Amédée Barbey d'Aurevilly (1808–1889) gesagt. Verachtung ist immer mit Demütigung und damit der folgenschwersten Kränkungsart verbunden, sie nimmt den Opfern gleichsam jeglichen Mut.

Absicht und Wirkung der Verachtung kommen in der Redewendung »mit Verachtung bestrafen« bestens zum Ausdruck. Verachtung führt zu Konflikten und ist Ausdruck höchster Konflikthaftigkeit, sei es in Partnerschaften und Gruppen, sei es am Arbeitsplatz oder in der Gesellschaft. Verachtung bedeutet Ausschluss, soziale Isolierung und emotionale Entwertung der Verachteten. Als Leitspruch auf dem Weg zu einer wertschätzenden Gesellschaft sollte deshalb das Wort von Filippo Neri (1515–1595) herangezogen werden: »Verachte die Verachtung!«

Zynismus und Sarkasmus

Zynismus und Sarkasmus gehören zu den schwierigsten Gegnern der Wertschätzung. Sie schaffen eine Sphäre der emotionalen Kälte, der Bloßstellung und Geringschätzung. Sofern die Angesprochenen nicht schlagfertig sind – im übertragenen, also verbalen, Sinn des Wortes – oder über ein eigenes zynisches Repertoire verfügen, rufen Zynismen und Sarkasmen ein Gefühl der Beschämung, ja der Hilflosigkeit hervor. Um damit einigermaßen zurechtzukommen, ist es nützlich, den gemeinsamen psychologischen Hintergrund dieser beiden Entwertungsformen zu analysieren und zu überlegen, wie man zynische Spitzen abfedern und sarkastische Pfeile entschärfen kann.

Sie kennen vielleicht den populärsten Witz über eingebildete Krankheiten, der ein herrliches Beispiel für die Grenzwertigkeit von Ironie, Selbstironie und Zynismus ist. Da stürmt die Krankenschwester zum Chefarzt und ruft: »Der Hypochonder auf Zimmer 5 liegt tot im Bett.« Daraufhin antwortet der Mediziner: »Jetzt übertreibt er aber!« An diese Geschichte musste ich mit sogleich eingefrorenem Schmunzeln denken, als ich Neujahrspost von einer psychosomatisch kranken, sehr ängstlichen, depressiv gewordenen Patientin erhielt. Auf der Vorderseite der Karte standen die Worte: »Was das neue Jahr uns bringen wird …« Auf der Innenseite war nichts zu lesen, sondern nur ein Bild zu sehen: das eines großen, schwarzen Sarges. Dieser steht wohl für die Depressivität der Patientin, ihre Ängste und Hoffnungslosigkeit, in unbewusster Weise aber wohl auch für Aggressivität gegenüber ihrem Therapeuten, der ihr nicht helfen kann.

Hinter Zynismus und Sarkasmus steht immer ein hohes Maß an Aggressionspotenzial. Es ist meist nach außen gerichtet, auf Mitmenschen und Umwelt. Da es sich aber auch gegen die eigene Person wenden kann, unterbindet es die Wertschätzung auf allen Ebenen.

Zynismus und Sarkasmus sind beliebte Mittel, um Abwertung und Verachtung in getarnter Form zum Ausdruck zu bringen. In nahezu perfekter Weise vereinigen sie in sich eine gewisse Intelligenz und den heute so gefragten Gefühlsausdruck der Coolness. Wegen ihrer Doppel- und Mehrdeutigkeit stellen sie Anforderungen an mehrere psychische Systeme und an das komplexe Denken und Empfinden. Tatsächlich sind zynische Bemerkungen oft witzig und intellektuell erfrischend. Sie sollen Bildung, Kreativität und Originalität, aber auch emotionale Distanz und Abgebrühtheit demonstrieren.

Manchem Zyniker scheint es geradezu eine innere Wonne zu bereiten, wenn ihm wieder ein untergriffiger Kommentar gelungen ist. Einige sonnen sich in ihrer Boshaftigkeit, andere sind bemüht, keine emotionale Begleitreaktion zu zeigen und jeglichen Affekt zu unterdrücken. Viele können mit ihrem Zynismus nicht gut haushalten und kommen quasi nie aus ihrer abwertenden Haut heraus. Andere setzen sarkastische Sprüche und zynische Analysen wohldosiert ein, in mehr oder weniger subtiler Form. Allen ist aber gemeinsam, dass sie ihr inneres, verdrängtes Aggressionspotenzial kaum reflektieren und zu wenig bemerken, wie sehr sie sich durch ihr destruktives Gehabe oft selbst exponieren und gleichsam dem Zynismus preisgeben: Ein prominenter Vertreter der früher weltweit berühmten Medizinischen Fakultät der Universität Wien soll sich damit gebrüstet haben, gerade dann besonders hohe Honorarforderungen zu stellen, wenn einer seiner Patienten verstorben sei: »Sonst könnte man meinen, ich hätte einen Behandlungsfehler gemacht … und zudem kommt dieser Kunde nie wieder.«

Zynismus ist keine primitiv-tätliche, sondern eine intelligente, eher versteckte Form der Aggressivität.

Oft ist der Zyniker aber auch ein ängstlicher Mensch, der sich auf die sichere Position des abwertenden Kommentators zurückzieht. Destruktive Kritik – nichts anderes ist Zynismus – deutet oft auf Minderwertigkeitsgefühle des Agitators hin, die auf Kosten anderer kompensiert werden sollen. Auch sarkastische Menschen leiden oft an starker Empfindlichkeit und nicht sofort zu erkennender Ängstlichkeit, weshalb sie versuchen, durch eine Art von Flucht nach vorne keine eigenen Angriffsflächen zu bieten und die bösen Absichten hinter Lächerlichkeit und Doppeldeutigkeit zu verbergen.

Zynische Menschen haben das stete Bedürfnis, gesellschaftliche Normen infrage zu stellen und Wertvorstellungen der Lächerlichkeit preiszugeben. Nichts ist ihnen heilig, auf die Verletzlichkeit anderer nehmen sie kaum bis gar nicht Rücksicht, eine

Beißend und bitter

Ursprünglich bezeichnete Zynismus eine philosophische Richtung und Lebensweise, in deren Mittelpunkt die Missachtung von Moral und Wertvorstellungen sowie das Streben nach einem bedürfnislosen Leben im Naturzustand stehen. Der prominenteste Vertreter war der angeblich in einem Fass lebende Philosoph Diogenes von Sinope (circa 412–323 v. Chr.), welchem seine bissige Art des Kritisierens den Spitznamen »kyon« (»Hund«), bescherte. Im 19. Jahrhundert erlebte der Begriff einen Wandel. Zynisch zu sein wurde gleichgesetzt mit spöttisch, bissig oder verhöhnend. Wegen seiner Ableitung vom zuschnappenden Köter assoziiert man unwillkürlich das deutsche Wort »hundsgemein«.

Wenngleich der berühmte Spötter Oscar Wilde (1854–1900) meinte, Zynismus sei »die Kunst, die Dinge so zu sehen, wie sie sind, und nicht, wie sie sein sollten«, ist der Ausdruck umgangssprachlich negativ besetzt.

Trotz des ähnlichen psychologischen Hintergrundes und der wenig abgrenzenden Begriffsverwendung sind Zynismus und Sarkasmus nicht dasselbe. Während Zynismus eine Charaktereigenschaft, eine überdauernd vorhandene negative Haltung zu Mitmenschen und Umwelt darstellt, ist Sarkasmus mehr auf die Situation und den Augenblick ausgerichtet und kommt nur fallweise zum Einsatz. Sarkasmus ist aggressiver, direkter, entwertender, primitiver. Man bezeichnet damit beißenden Spott oder bitteren Hohn, mit dem andere verletzt oder beschämt werden sollen. Ein Blick auf die Wortherkunft sagt alles: Das altgriechische Wort »sarkazein« heißt nichts anderes, als jemanden zu zerfleischen.

wertschätzende Begegnung ist ihnen so gut wie nicht möglich. Es bereitet ihnen Spaß, provokative Antipositionen einzunehmen, alles Ernsthafte ins Lächerliche zu ziehen, Konventionen zu überspringen und ohne Tabus zu kritisieren. Da Zynismus das kommunikative Klima vergiften und anhaltende Kränkungen verursachen kann, führt er im partnerschaftlichen Bereich zu ständigen Zerwürfnissen. Im politischen Kontext fördert er Misstrauen gegenüber den Politikern und die viel beklagte allgemeine Politikverdrossenheit.

Hier zum Abschluss ein besonders perfides Beispiel für eine zynische Haltung: Ein bekannter Frauenarzt überwies eine sehr wohlhabende Privatpatientin im Endstadium der Krebserkrankung noch zu völlig überflüssigen, schmerzhaften und kostspieligen Untersuchungen zu einem Kollegen und schrieb auf den Überweisungsschein statt einer Diagnose: »Goldene Gans! Zum Ausnehmen bleibt nicht mehr viel Zeit.«

Entwertern ihre Schärfe nehmen

Diffamierung, Beschämung und Demütigung stellen ganz konkrete Entwertungsmethoden beziehungsweise Kränkungsstrategien dar. Ihnen können Sie mit den ab Seite 86 beschriebenen Schritten begegnen. Nicht immer ist es jedoch möglich – etwa im Fall von ausdauerndem Mobbing –, alleine mit der Situation zurechtzukommen. Dann sollten Sie sich professionelle juristische und/oder psychotherapeutische Unterstützung holen.

Auch wenn die Entwertung darin besteht, dass Sie ignoriert werden, dass Ihnen also Achtung vorenthalten wird oder Verachtung entgegenschlägt, kann Ihnen das Acht-Punkte-Programm helfen. Wichtig ist aber vor allem, dass Sie die Achtung vor sich selbst nicht verlieren oder, andersherum gedacht, dass Sie sich selbst Wertschätzung entgegenbringen und Ihren Selbstwert nähren und stärken.

Was Zynismus und Sarkasmus betrifft, ist es zunächst erforderlich, deren Nimbus zu entkräften. Entsprechende Bemerkungen wirken ja nicht nur verletzend, sondern beeindrucken oft, weil sie geistreich, kreativ und intelligent wirken. Mehrere Studien haben jedoch belegt, dass zynische und sarkastische Menschen nicht intelligenter, kreativer und selbstsicherer sind als andere und auch keine Genies. Dagegen ließen sich überdurchschnittlich hohe Aggressionsimpulse und erhebliche emotionale Defizite belegen.

Im Umgang mit zynischen und sarkastischen Menschen ist es hilfreich, immer das Aggressionspotenzial zu bedenken, welches hinter scheinbar witzigen, oft intelligent wirkenden Äußerungen steckt – sie sind selten freundlich gemeint.

Weitere Forschungsergebnisse mögen für Opfer des Zynismus ein Trost und für Zyniker ein Dämpfer sein: Eine finnische Forschergruppe fand heraus, dass zynische Menschen ein stark erhöhtes Risiko für vorzeitiges Nachlassen der Hirnleistung aufweisen.[10] Zynismus führt zur Demenz, könnte man etwas salopp sagen. Die Wissenschaftler führen dies auf das den Zynikern und Sarkastikern innewohnende Misstrauen zurück, welches beständigen Stress auslöse und dadurch das Gehirn allmählich überfordere. In einer deutschen Studie wurde sogar nachgewiesen, dass eine zynische Einstellung mit einem schlechten Einkommen verbunden ist.[11] Die Forscher begründen dies mit dem geringen Vertrauen, welches Zyniker in ihre Mitmenschen haben. Dadurch verpassen sie viele Möglichkeiten zur lukrativen Zusammenarbeit und sind weniger motiviert, bei Problemen andere um Hilfe zu bitten.

Einen gewissen Ausweg aus dem Konflikt zwischen Kreativitäts- und Aggressionsbedürfnissen und dem Wunsch, andere nicht zu verletzen, stellt die Ironie dar. Dieser feine, verdeckte Spott wird oft als »nette Form des Sarkasmus« bezeichnet, weil er weniger verletzend ist als dieser und nicht auf Kosten anderer gehen muss. Während Zyniker und Sarkastiker bedacht sind, ihre Verletzungsabsichten zu tarnen, geht es bei der Ironie mehr um den Gag oder die Pointe, um eine Demonstration der eigenen Originalität. Ironische Bemerkungen zielen auch häufig auf Situationen und Zustände, nicht auf den Menschen an sich ab. Durch den Spruch: »Heute ist der Tag der Intelligenz. Schade, dass ihn so wenige feiern können« fühlt sich zum Beispiel niemand persönlich entwertet.

Oft überschreitet die Ironie allerdings die Grenze zu Zynismus und Sarkasmus. Am besten wird sie im Zaum gehalten, wenn sie mit Selbstironie verbunden ist. So wie bei dem chinesische Philosophen Zhuangzi (um 365–290 v. Chr.), der gesagt haben soll: »Wer andere kennt, ist klug. Wer sich selbst kennt, ist verzweifelt.« Oder wie sie in einem Nestroy-Spruch enthalten ist: »Ich glaube von jedem Menschen das Schlechteste, selbst von mir, und ich hab' mich noch selten getäuscht.«

Ironie, Zynismus und Sarkasmus können jede Diskussion bereichern. Bei behutsamem Einsatz und richtiger Dosierung sind sie das Salz in der rhetorischen Suppe. Durch Kreativität und Doppeldeutigkeit, durch Spiel mit dem Feuer und durch ihre Respektlosigkeit wirken sie erfrischend. Sie dürfen aber nicht auf Kosten anderer gehen, dann wären sie verletzend und entwertend. Wenn aber jemand die Kunst der Ironie und ihrer emotionalen Verwandten beherrscht und behutsam einsetzt, ist dies kein Schaden für die Wertschätzung. Auf der folgenden Seite finden Sie als Impuls für Ihren Umgang mit Entwertungen drei wichtige Strategien.

Die hohe Kunst der Ironie besteht darin, das Gegenteil von dem in den Raum zu stellen, was man meint oder wovon man überzeugt ist.

Impuls

Je höher unser Selbstwert ist und je besser wir uns selbst kennen, desto weniger anfällig sind wir für die entwertenden Angriffe anderer. Die folgenden Tipps helfen Ihnen, Selbstbewusstsein – im wahrsten Sinn des Wortes und im Sinn von Selbstsicherheit – zu gewinnen.

- **Eigene Entwertungsmethoden identifizieren:** Wir alle sind keine Heiligen, die meisten sind nicht nur Opfer von Kränkungen, sondern manchmal auch Täter. Schauen Sie mutig Ihren eigenen »Sünden« ins Auge und übernehmen Sie Verantwortung dafür, indem Sie versuchen, sie zu vermeiden. Das stärkt einerseits Ihren Selbstwert und macht Sie andererseits Kränkern gegenüber versöhnlicher – was Entwertungsspiralen (im Sinn von »Wie du mir, so ich dir«) verhindern kann.

- **Nach Selbstentwertung Ausschau halten:** Ab- oder Entwertung erfahren wir nicht nur durch andere. Auch wir selbst machen uns oft runter mit Gedanken wie »Bin ich blöd!«, »Kann ich wieder nicht« und ähnlichen. Konzentrieren Sie sich öfter bewusst auf Ihre Stärken und formulieren Sie auch Sätze wie: »Das hab ich gut hinbekommen.«

- **Wertschätzung deutlicher wahrnehmen:** Menschen neigen dazu, negativen Erlebnissen viel mehr Gewicht zu geben als positiven. Das liegt in der Evolution begründet, weil es für das Überleben in der Wildnis wichtiger war, Gefahren zu erkennen, als angenehme Situationen zu genießen. Und so sind wir heute manchmal blind für Anerkennung. Wenn Sie Lob oder Ähnliches erfahren, betrachten Sie es als Geschenk und nehmen Sie es als das, was es ist: Wertschätzung.

Die Vielseitigkeit des Schweigens

»Man soll schweigen oder Dinge sagen,
die noch besser sind als das Schweigen.«
PYTHAGORAS VON SAMOS

»Reden ist Silber, Schweigen ist Gold« heißt ein Sprichwort. Stimmt das? Kann Schweigen zum Beispiel eine Art von Wertschätzung darstellen, oder ist es nicht vielmehr eine subtile Form der Verachtung? Kann man durch Schweigen Bewunderung ausdrücken oder jemanden massiv bestrafen? Führt Schweigen zur konzentrativen Sammlung, oder ruft es Hilflosigkeitsgefühle hervor? Ist Schweigen ein Machtinstrument oder Ausdruck starker Selbstdisziplin? Bedeutet Schweigen nicht Kränken und Gekränktsein gleichermaßen? Fördert Schweigen die Kreativität, oder steigert es die negativen Fantasien? Hat es dem Schweigenden die Sprache verschlagen, oder zeigt er demonstrativ, wie sehr er (oder sie) beleidigt ist? Sagt Schweigen mehr als viele Worte? Hilft Schweigen, einen Schock zu überwinden, oder begünstigt es Verdrängung und Tabuisierung? Vergiftet Schweigen eine Beziehung, oder trägt es zur Festigung der Emotionalität bei?

Fragen über Fragen, welche die eigenartige, aber enorm wichtige Position des Schweigens innerhalb des Bedingungsgefüges der Wertschätzung belegen. Eigentlich erstaunlich, wie man zum Nichtssagen so viel fragen kann. Vermutlich weil Schweigen so widersprüchlich ist, so ambivalent erlebt wird und sich so vielfältig ausdeuten lässt. Während die Macht des Wortes und die Kraft der Sprache immer wieder zitiert werden, wird die Macht des Schweigens wenig beachtet.

Wie mannigfaltig und schillernd das Phänomen des Schweigens ist, zeigt sich in der Vielzahl der Eigenschaften, die man mit diesem Begriff in Verbindung bringt: Schweigen kann vielsagend und beredt, einfühlsam und verständnisvoll, eisern und hartnäckig, würdevoll und andächtig, ehern und verletzt, ängstlich und neurotisch, verlegen und peinlich oder zerstörerisch und aggressiv sein. Man kann schweigen wie ein Grab oder die Schweigepflicht verletzen, manchmal wird das Schweigen endlich gebrochen, oder man bringt jemanden definitiv zum Schweigen. Schweigen ist, so paradox dies klingt, eine der intensivsten Formen der Kommunikation. Mit Wortlosigkeit werden Botschaften übermittelt, die oft viel intensiver sind als knallharte verbale Mitteilungen. Wenn Schweigen Betroffenheit oder Gekränktheit ausdrücken soll, kann es tatsächlich zum »beredten Schweigen« werden. Es lässt sich als Desinteresse, Lustlosigkeit, Missachtung deuten, aber auch als Ausdruck von Konzentration, Tiefgang, Weisheit und Gelassenheit. Schweigen gilt manchmal als sehr edles, wertschätzendes Verhalten, etwa bei Schweigeminuten, Schweigepflicht und Schweigerecht. Gegenteilig wirkt es als Form der Unwissenheit und Unfähigkeit, der Aggression und Verachtung. Oft dient Schweigen auch der Kritik oder dem Protest, wie es in Schweigeversammlungen und bei Schweigemärschen zum Ausdruck kommt. Schweigen kann also konstruktiv und destruktiv sein.

Wenn Schweigen zerstörerisch wirkt

Schweigen ist oft verletzend und kann zu verheerenden Folgen führen. Mit Schweigen kann jemand Ablehnung, Verachtung und Hass ausdrücken, bei der aus der Kommunikation ausgeschlossenen Person löst das Nichtssagen Gefühle der Minderwertigkeit und Hilflosigkeit aus. Der Schweigende will zum Ausdruck bringen, dass ihm der andere kein Wort mehr wert ist, in seinem Leben keine Rolle mehr spielt, ja nicht einmal mehr existiert. Diese Art des Ignorierens, die auch als passive Gewalttätigkeit und psychologischer Missbrauch bezeichnet wird, kann auf Empfängerseite zu schweren seelischen Verletzungen führen. Obwohl sich Schweigen als Gegenteil von Tätlichkeiten und Impulsdurchbrüchen darstellt, ist es manchmal nichts anderes als reine Gewaltausübung. Eine wortlose Anklage wird als beschämender erlebt als jede Form der wörtlichen Schuldzuweisung. Schon dem griechischen Tragödiendichter und Staatsmann Sophokles (circa 496–406 v. Chr.) schien »allzu tiefes Schweigen ebenso unheilbringend wie das törichte laute Schreien«.

Das eisige Schweigen erzeugt ein Klima der emotionalen Kälte, und kalte Stille ist schwerer zu ertragen als jede Beschimpfung. Ignorieren eines Partners durch Gesprächsverweigerung zerstört viele Beziehungen – zwischen Mann und Frau, zwischen Geschwistern und Freunden, ja zwischen Eltern und Kindern. Destruktives Schweigen kann niemals mit Wertschätzung kompatibel sein.

Wenn ein Mitmensch demonstrativ übersehen und nicht wahrgenommen wird, fehlt die Basis jeglicher Wertschätzung: die Aufmerksamkeit und das Wahrnehmen.

Das Sprechen zu verweigern kann auch den Schweiger selbst isolieren und zu seiner Vereinsamung führen, besonders wenn er oder sie zum eigenen Schutz eine Mauer des Schweigens errichtet oder sich mit demonstrativer Gekränktheit zurückzieht. In vielen Partnerschaften äußert sich das Schwinden der Wertschätzung in einer Zunahme der Schweigephasen. Sicher, gemeinsames Schweigen kann auch ein Zeichen tiefer Verbundenheit sein, man versteht sich ohne Worte. Schweigend kann man aber auch nebeneinander vereinsamen.

Verschiedene Schriftsteller und Schriftstellerinnen haben sich mit dem Ausüben und Erleiden der Gewalt des Schweigens auseinandergesetzt. Thomas Bernhard (1931–1989) beschreibt in seinem Drama »Ein Fest für Boris« (1970) das exzessive und

»zerbeißende« Schweigen, das unvollständige Echo und die gehorsam-aggressive Stummheit. In »Der Präsident« (1975) analysiert er sowohl den Terror des Schweigens als auch die Psyche des schweigenden Terroristen. Nach seiner These sei jemand umso mehr dem Schweigen eines anderen ausgeliefert, je stärker die Aufmerksamkeit diesem gegenüber gesteigert ist.

Je wichtiger die schweigende Person für das potenzielle Opfer, desto machtvoller kann das Schweigen ausgeübt werden.

Wie sehr das Stummsein eine paranoide Ausdeutungsbereitschaft anstacheln kann, zeigt sich in der Interpretation des befohlenen Schweigens. Es wird als Aggression oder souveränes Verschweigen, nicht als Gehorsam gedeutet. Im dritten Drama dieser Art, »Vor dem Ruhestand« (1979), befasst sich Bernhard mit der »teilnahmslosen Teilnahme« und beschreibt die Familie als Ort des Verschweigens, das Verstummen der Opfer, das fügsame Schweigen der Komplizen und das Schweigen der Spielverderber. Besonders eindrucksvoll ist die Deutung des Schweigens als aggressiver Akt, wenn der ehemalige SS-Kommandant Rudolf das Schweigen seiner Schwester Klara als gegen sich gerichteten Hass erlebt.

Das mörderische Schweigen wird am trefflichsten von Ingeborg Bachmann (1926–1973) in ihrem Roman »Malina« (1971) thematisiert. Darin befasst sie sich mit der sprachlichen Gewalt an sich, unterstreicht die Bedeutung des Schweigens gegen Redegewalt, befasst sich mit dem »nicht sprechenden Hören« und dem Schweigen als »Echo des Wartens«. Die durch unendliche Verliebtheit sensibilisierte Ich-Erzählerin wird durch ihren wenig sensiblen Geliebten, der mit dem Schweigen spielt, in eine selbstmörderische Situation getrieben.

Wenn es nicht gelingt, den Schweigenden zum Reden zu bringen, zumindest eine Erklärung zu erhalten, entstehen bei den Angeschwiegenen Zweifel und Schuldgefühle. Was habe ich falsch gemacht, womit habe ich den anderen verletzt, weshalb ist er so getroffen? Wenn es keine Erklärung gibt, fördert die Fantasie immer drastischere Formen eigenen Versagens, aber auch der Boshaftigkeit des Schweigenden zutage. Schuld- und Ohnmachtsgefühle werden erdrückend, Rachegedanken und der Drang, sich wehren zu müssen, nehmen zu. In extremen Fällen fühlen sich Menschen, welche kein Wort mehr wert sind und nicht einmal eine Erklärung dafür erhalten, derart hilflos, dass sie nicht mehr leben wollen. Wenn sich das innere Chaos gegen den immer weniger erreichbaren Schweiger richtet, kann es zum Drama kommen.

Sprachlosigkeit mit Todesfolge

Josef, ein 86-jähriger Mann, tötete seine in einem Lehnstuhl sitzende Gattin mit mehreren Messerstichen in Brust und Hals. Er griff von hinten an, weil – wie er später sagte – er seiner Frau dabei nicht in die Augen schauen wollte. Anschließend versuchte er, sich selbst zu töten, was nicht gelang.

Die Ermittler gingen zunächst von einem »Mitleidsmord« aus, durch den Josef seine Frau erlösen oder – nach seinem Suizid – nicht allein zurücklassen wollte. In den Befragungen schilderte der Greis aber die Sprachlosigkeit, die sich zwischen ihm und seiner Frau entwickelt hatte. Sie habe ihm nie mehr geantwortet, nichts mehr kommentiert und nichts gefragt. Schließlich habe sie überhaupt kein Wort mehr gesagt. Nach Aussagen des Hausarztes war das Schweigen der Frau möglicherweise durch eine nicht erkannte schleichende Demenz begünstigt worden. Alle Versuche, zu kommunizieren, alle Appelle und alles Betteln hätten nichts genützt, berichtete Josef. So habe er sich zum gemeinsamen Sterben entschlossen, denn »wer nichts zu reden hat, hat auch nichts mehr zu leben«.

Sogar am Gehirnorgan hinterlässt destruktives Schweigen seine Spuren. So konnte nachgewiesen werden, dass die für die Entstehung und Verarbeitung von Emotionen verantwortliche Hirnregion, der sogenannte Gyrus cinguli, durch Schweigen, genauer gesagt durch »Angeschwiegensein«, aktiviert wird. Auf diese Weise werden körperliche Symptome wie Kopfschmerzen, Schlafprobleme, Müdigkeit und Verdauungsstörungen ausgelöst. Ist jemand lang dauerndem Schweigen ausgesetzt, führt das zu Blutdruckanstieg, zu Stoffwechselstörungen, zur Schwächung des Immunsystems, möglicherweise zur Begünstigung von Krebserkrankungen. Bezeichnenderweise ist dieser im vorderen Teil des limbischen Systems gelegene Gehirnteil für das Mitgefühl und damit auch für die Wertschätzung zuständig.

Die goldene Seite: Das wertschätzende Schweigen

In unzähligen Zitaten, Aphorismen und Sprichwörtern wird Schweigen als Tugend, als kluges Verhalten, als Zeichen der Charakterstärke und persönlichen Reife gepriesen. Der griechische Philosoph und Historiker Plutarch (um 45–125) meint in seinen »Moralischen Schriften und Abhandlungen«: »Zur rechten Zeit zu schweigen ist ein Zeichen von Weisheit und oft besser als jede Rede.« Der schottische Philosoph und sozialpolitische Schriftsteller Thomas Carlyle (1795–1881) argumentiert gut 1500 Jahre später ähnlich: »Schweigen ist tief wie die Ewigkeit; das Reden ist seicht wie die Zeit.« Und der große Spötter Heinrich Heine (1797–1856) hält Schweigen gar für die höchste Form des Glücks.

Schweigen kann in vielerlei Hinsicht tatsächlich Gold sein, in Streitgesprächen und hitzigen Diskussionen, bei emotionaler Erregung und affektiven Auseinandersetzungen, auch in kreativen Pausen und in der Psychotherapie. Wenn man dem Gegenüber aufmerksam zuhört, ihm nicht ständig ins Wort fällt, seine eigenen Gedanken zurückhält und über das Gehörte nachdenkt, kann Schweigen sehr konstruktiv sein. Soll ein gutes Gespräch von gegenseitiger Resonanz (von lateinisch »resonare« für »widerhallen«) getragen sein, sind Schweigephasen unverzichtbar. In einer idealen Beziehung verstehen sich die Partner auch ohne Worte, sie können sich blind – besser gesagt stumm und taub – aufeinander verlassen. In einer emotional aufgeschaukelten Situation vermag das Schweigen, sofern es kein beleidigtes Schweigen ist, zu beruhigen. Ein bewusstes und gezieltes Unterbrechen des Redeschwalls deeskaliert jede brisante Situation.

In Verhandlungen wird Schweigen als taktisches Manöver eingesetzt, es erzeugt Spannungen und führt zur Verunsicherung des Partners oder ist ein Mittel, auf eine Frage nicht einzugehen.

In der Rhetorik ist Schweigen ein beliebtes Stilmittel, mit welchem der Redner seine Konzentration, seine innere Sammlung, sein Nachdenken zwischen den Sätzen zum Ausdruck bringen will. Manche Redner und Vortragende beherrschen das souveräne Schweigen, bei welchem Pausen richtig eingesetzt und geradezu betont werden. In Gruppensituationen erzeugt Schweigen oft eine knisternde Spannung, in welcher die jeweiligen Probleme besser zum Vorschein kommen oder den Beteiligten leichter bewusst werden als durch verbale Analysen.

Wichtige Unterschiede

Im Zusammenhang mit der Wertschätzung ist zunächst zwischen Motiven des Schweigenden und Auswirkungen bei der angeschwiegenen Person zu unterscheiden, ferner zwischen gezieltem und unbedachtem Schweigen sowie den beabsichtigten und unbeabsichtigten Wirkungen. Wenn mit Schweigen eine akzeptierende, verstehende oder respektvolle Haltung zum Ausdruck gebracht wird, kann es durchaus wertschätzend sein. Menschen, die sich sehr gut kennen und einander vertrauen, müssen sich oft gar nicht mehr absprechen. Liebende tauschen die innigsten Gefühle meist ohne Worte aus. Religiöse Menschen kommunizieren im Schweigen mit den göttlichen Instanzen. Entscheidend ist bei allen Formen wertschätzenden Schweigens der emotionale Kontext, welcher keiner Erläuterung bedarf, wenn die gegenseitigen Gefühle und Erwartungen positiv und angemessen sind. Mit aufmerksamem Schweigen lassen sich Gefühle und Gedanken des anderen erspüren, was aber auf beiden Seiten der wortlos kommunizierenden Personen ein gewisses Maß an emotionaler Intelligenz voraussetzt.

Emotionale Intelligenz

Der Begriff stammt von dem Psychologen John D. Mayer und bezeichnet unsere Fähigkeit, eigene und fremde Gefühle zu erkennen und im jeweiligen Zusammenhang richtig zu verstehen. Mithilfe der emotionalen Intelligenz gelingt es uns, die Gefühlswelt zu regulieren und impulsive Reaktionen zu unterdrücken. Im Zusammenhang mit Wertschätzung spielt sie eine wichtige Rolle, da sie für die Empathiefähigkeit zuständig ist. Sie ermöglicht uns aber auch, das eigene Verhalten zu analysieren, gegebenenfalls zu verändern und so unsere Beziehungen zu gestalten.

Für den Erfolg des Einzelnen, aber auch einer ganzen Gesellschaft wird die emotionale Intelligenz heute als entscheidender Faktor angesehen. Sie ergänzt die klassische oder kognitive Intelligenz, die sich vornehmlich auf die Wahrnehmung durch die Sinne, auf Ideen und Denkleistungen bezieht.

Schweigen kann Zustimmung in Form des stillen Einverständnisses bedeuten. Die völlige emotionale Übereinstimmung bedarf keines verbalen Kommentars mehr. In allen Kulturen diente es dem Gedenken. Manchmal schweigen die Menschen aus Hilflosigkeit oder zum Schutz. Durch Schweigen lassen sich Abwehr, Widerstand und Protest zum Ausdruck bringen. Friedliches Schweigen zeugt von innerer Ruhe, Gelassenheit und Zufriedenheit. Den Mitmenschen gibt es ein Gefühl der Sicherheit, weil eine auf diese Art schweigende Person nicht so leicht aus der Ruhe zu bringen ist und wie ein Fels in der Brandung allen Aufregungen und Emotionen trotzt.

Schweigen hat heilende Kraft, weshalb es bei verschiedenen Psychotherapieverfahren, besonders den Entspannungsübungen, eingesetzt wird. Hoch entwickelte Formen sind das meditative und das kontemplative Schweigen. Sie haben in der Therapie, in allen Religionen und auch in der Philosophie große Bedeutung, weil sie der konzentrierten Betrachtung, der Innenschau und der geistigen Vertiefung dienen.

Respektvolles und ehrfürchtiges Schweigen ist ein besonderer Ausdruck der Wertschätzung. Es gibt nichts mehr zu sagen, zu kritisieren oder zu kommentieren. Das Erlebte bedarf keiner Erklärung, das Erfahrene ist überwältigend, Worte würden nur stören. Schweigen ist dann Ausdruck der Ergriffenheit, der Bewunderung, vielleicht auch der Demut.

Narzissmus oder zu viel der Selbstwertschätzung

»Narzissmus ist die erste Stufe in der menschlichen Entwicklung, und wer im späteren Leben auf diese Stufe zurückkehrt, ist unfähig zu lieben; im Extremfall ist er geisteskrank.«

ERICH FROMM

Im Kapitel »Die emotional verhungernde Gesellschaft« haben wir uns bereits mit diesem Thema auseinandergesetzt. Was hat aber der viel beklagte Narzissmus, der für viele soziale Fehlentwicklungen und gesellschaftliche Fehleinstellungen verantwortlich gemacht wird, mit Wertschätzung zu tun? Sehr viel, meine ich, und zwar aus zwei Gründen:

1. Zum einen kann positive Emotionalität nicht zu einer auf Gegenseitigkeit beruhenden sozialen Interaktion werden, wenn sie nur eine Zielrichtung kennt, nämlich das eigene Ich. Vereinfacht könnte man sagen: Wenn die ganze Hochachtung und Wertschätzung allein auf die eigene Person gerichtet wird, bleibt für die Mitmenschen nicht mehr viel davon übrig. Zentrieren sich die Gefühle der einzelnen Individuen ganz auf sich selbst, kommt es unweigerlich zur zwischenmenschlichen Distanzierung und in letzter Konsequenz zur Vereinsamung aller, auch der des Narzissten.
2. Zum anderen gehören Abwertung und Entwertung anderer Menschen – also das Gegenteil von Wertschätzung – zu den Grundelementen des Narzissmus.

Tiefenpsychologisch interpretiert man Narzissmus als Neid auf andere, auf Menschen, die möglicherweise stärker, tüchtiger oder klüger sind. Diese wirken auf den von Minderwertigkeitsgefühlen geplagten narzisstischen Menschen bedrohlich und rufen Neidgefühle hervor. Da Neid (siehe auch Seite 91 bis 92) und positive Wertschätzung kaum miteinander vereinbar sind, richtet sich nicht nur der Narzissmus an sich, sondern ebenso dessen eigentliche psychologische Wurzel – der Neid – gegen alles, was mit Achtung und Anerkennung anderer verbunden ist.

Was den Narzissmus kennzeichnet

Wenn wir nun das Wesen des Narzissmus betrachten, erkennen wir unschwer eine Reihe von Merkmalen, welche in krassem Gegensatz zu jenen der Wertschätzung stehen. Die in zahlreichen Definitionen beschriebenen Symptome der narzisstischen Störungen lassen sich in fünf Hauptkategorien – den fünf großen E – zusammenfassen:

1. **Egozentrik** – Der Narzisst sieht sich selbst immer als Mittelpunkt, er kreist ständig um sich selbst.
2. **Eigensucht** – Er bekommt nie genug Bewunderung, Lob und Zuwendung.
3. **Empfindlichkeit** – Er ist sehr leicht kränkbar.
4. **Empathiemangel** – Er kann sich nicht in andere hineinfühlen oder hineindenken.
5. **Entwertung anderer** – Er muss andere herabsetzen, um sich selbst wertvoller zu fühlen.

All diese Punkte zeigen, wenn sie nach ihrem Verhältnis zur Wertschätzung analysiert werden, eine Reihe von Eigenschaften, die der Wertschätzung zuwiderlaufen. Denn Narzissten nehmen alles ausschließlich aus der Ich-Perspektive wahr. Relativierung des eigenen Standpunktes, Reflexion der persönlichen Meinung oder Zweifel am eigenen Urteil sind ihnen ebenso fremd wie Interesse an den Gedanken anderer oder alternative Sichtweisen. Ein Narzisst wird niemals sagen: »Mir gefällt das Bild«, sondern seine Einschätzung zum allgemeingültigen Gebot erheben: »Das Bild ist schön.« Wenn ihm ein Essen nicht mundet, hat dies nie etwas mit seinem persönlichen Geschmack zu tun, vielmehr hat die jeweilige Mahlzeit im Urteil aller schlecht zu sein. Seine Gedanken sind – so seine Meinung – durchwegs originell, sein Können einzigartig und seine Analysen über alle Zweifel erhaben. Gleichzeitig ist ein narzisstischer Mensch unglaublich verletzlich und extrem kränkbar, oft auf eine paranoide Weise. Er sieht hinter allem und jedem einen Angriff auf seine Person, fühlt sich nicht ernst genommen und anerkannt und entwickelt eine permanente Angst vor mangelnder Wertschätzung – also jener Form der Zuwendung, welche er anderen völlig versagt. Dies deutet klar auf die eigentliche Problematik des Narzissten hin, auf seine tiefe innere Verunsicherung, seine Selbstwertzweifel und seine Hauptangst, zu wenig geliebt zu werden.

Wollen »Opfer« eines Narzissten ihre Würde behalten, ist es erforderlich, hinter dessen Fassade zu blicken, sich seiner manipulativen Aura zu entziehen und die eigenen Werte, vor allem den Selbstwert, durch Aufzeigen der Grenzen entschlossen zu verteidigen.

Die Mitmenschen werden vom Narzissten in erster Linie danach beurteilt, ob sie ihm Anerkennung, Lob und Bewunderung in möglichst hohem Umfang entgegenbringen können. Jeder Narzisst versteht es vorzüglich, mithilfe seiner Aura andere zu manipulieren und zu instrumentalisieren. Nie sieht er die Würde des Menschen, sondern nur dessen Nutzen für seine eigenen Ansprüche und Ziele. Einen anderen Wert haben die Mitmenschen nicht, sie sind nur Objekte zur Befriedigung narzisstischer Bedürfnisse.

Achtung – Majestätsbeleidigung!

Narzissmus wird unrichtigerweise immer wieder mit Selbstliebe übersetzt. Dies ist ein falscher Ansatz, da ein Narzisst nicht wirklich lieben kann: weder andere noch sich selbst. Vielmehr leidet er unter Selbstsucht, also der »Krankheit des Nichtgenugkriegens und Nichtaufhörenkönnens«. Seine Drogen heißen nicht Heroin oder Kokain, sondern Bewunderung und Lob. In seiner Gier nach Zuwendung und Anerkennung ist er unersättlich, sowohl was das Lob durch die Mitmenschen betrifft als auch das Selbstlob. Wie ein Süchtiger muss er Dosis und Einnahmefrequenz ständig steigern, er wird nie befriedigt, er braucht immer mehr. Seine Entzugserscheinungen bestehen nicht aus Zittern, Schwitzen und Übelkeit, sondern aus innerer Leere, aus Depressivität, Angst und Neid. Wie die Droge aber dem Süchtigen keine echte Emotion, sondern nur ein oberflächliches Rauschgefühl verschafft, empfindet der Narzisst durch die erzwungene Bewunderung weder emotionalen Tiefgang, echte Gefühle, Berührung des innersten Ich – noch wahrhaftige Wertschätzung.

Der ständige Kampf um Anerkennung setzt den selbstsüchtigen Menschen unter chronischen Stress. Denn der nach außen so großartig und selbstsicher auftretende Narzisst ist im Prinzip ein von Ängsten gehetzter, von der Gier nach Zuwendung getriebener Mensch. Dieser Stress führt schließlich zur Erschöpfung und erklärt die bei Narzissten recht häufig auftretenden psychosomatischen Beschwerden.

Applaus, Applaus!

Ein bekannter Wirtschaftswissenschaftler, Gilbert, als guter Rhetoriker oft auf Kongressen eingeladen, litt unter heftigen Migräneattacken. Diese stellten sich häufig nach seinen Auftritten vor großem Publikum ein, was er auf die völlige Verausgabung bei seinen Reden zurückführte. Tatsächlich war es für den als fachlich exzellent, leistungsbezogen und ehrgeizig, aber auch emotional distanziert gel-

tenden Experten sehr wichtig, die besten Referate zu halten und die meiste Zustimmung zu erhalten. So beauftragte er seine Assistentin, die Länge des Applauses bei den einzelnen Vortragenden zu stoppen und die Ergebnisse auf einer Liste zu notieren. Von der Migräne wurde Gilbert auffallend häufig nach jenen Veranstaltungen heimgesucht, bei denen einem anderen Redner länger applaudiert worden war.

Da im Narzissmus alle Emotionen auf die eigene Person gelenkt werden, leidet zwangsläufig jegliche Aufmerksamkeit für andere. Als »Ofen, der nur sich selbst wärmt« – so lautet die von dem Theologen Karl Rahner (1904–1984) kreierte, wahrscheinlich beste Definition des Narzissmus – fehlt ihm die emotionale Energie für Sympathie, Einfühlen in andere, Mitleid, Barmherzigkeit, somit für all das, was Wertschätzung ausmacht.

Besonders schwer ist es für die Umgebung, mit der extremen Empfindlichkeit, mit der narzisstischen Kränkbarkeit, zurechtzukommen. Nichts beweist die innere Unsicherheit des Narzissten mehr als seine extreme Dünnhäutigkeit, durch welche er jede andere Meinung als Majestätsbeleidigung und jede positive Kritik als Affront empfindet. Jeder Regentropfen wirkt auf seine psychische Haut wie ein Peitschenhieb. So wird die Kränkbarkeit zur Achillesferse der scheinbar so selbstsicheren narzisstischen Persönlichkeit.

Und was ist mit der Suppe?

Eine Frau, stolz im Auftreten und nobel gekleidet, kam in die Sprechstunde. Korrekt gesagt, ließ sich Fabienne von ihrem Mann widerwillig zum Therapeuten schleppen. Schon seit Wochen hatte sie kein Wort mehr geredet, blieb dem Gatten jede Antwort schuldig und reagierte nicht im Geringsten auf dessen immer verzweifelter werdende Appelle. Mit destruktivem Schweigen inszenierte sie – so seine Interpretation – ihr Beleidigtsein. Der Mann fühlte sich schuldig, ohne ein Fehlverhalten bei sich zu erkennen.

Im Verlauf des sehr mühsamen Gespräches brach es endlich aus Fabienne heraus: Das Ehepaar hatte vor Wochen Gäste eingeladen, die Frau kochte groß auf und erwies sich als glänzende Gastgeberin. Gegen Ende der Mahlzeit lobte sie der Mann: »Du hast ganz wunderbar gekocht, das Fleisch war so zart, ein Traum …« Mit keinem Wort aber habe er in seiner Rücksichtslosigkeit und Gefühllosigkeit die köstliche Suppe, die herrlichen Beilagen und den alles übertreffenden Nachtisch erwähnt.

Grandiosität auf Kosten anderer

Weil ein narzisstischer Mensch alle positiven Gefühle für sich selbst benötigt, ist er nur schwer in der Lage, sich in andere Menschen hineinzuversetzen. Deren Empfindungen interessieren ihn nicht, sie bleiben ihm fremd, er will und kann sich nicht mit deren Gefühlswelt auseinandersetzen. Darunter leidet das emotionale Mitschwingen mit einem Narzissten, die Gefühlsresonanz ist immer deutlich gedämpft, echte Verbundenheit und Herzlichkeit kommen im Kontakt mit ihm nie auf.

Da Empathie eine der zentralen Voraussetzungen für wertschätzendes Verhalten ist, unterbindet deren Mangel jede wahrhaftige Achtung für andere. Der Mangel an Empathie ist nicht ungefährlich, da darin eine Voraussetzung für kaltherziges und bösartiges Verhalten, also für aggressive Kriminalität jeglicher Art liegt. So wundert es nicht, wenn schwer persönlichkeitsgestörte, psychopathische Verbrecher in testpsychologischen Untersuchungen niedrige Empathiewerte aufweisen und sich der ganze Schrecken der Empathielosigkeit bei jenem Verbrechen zeigt, welches die schlimmste Form der sadistischen Erniedrigung und Verachtung beinhaltet: beim Sexualmord.

Aber auch wenn es nicht gleich um Mord geht – ein Narzisst kann seinen Mitmenschen schwer zusetzen. Schlimm sind vor allem die zunehmenden, anfangs in Zynismus und Sarkasmus verkleideten, dann immer schamloseren und manchmal sadistisch werdenden Entwertungen, die sich selbst auf die noch verbleibenden Gefolgsleute konzentrieren. Dieses häufig übersehene Hauptelement des Narzissmus, die Verachtung der Mitmenschen, stellt ein krasses Gegenstück der Wertschätzung dar. Der Narzisst fühlt sich in seiner rein äußerlichen Grandiosität und Einzigartigkeit getrieben, die Mitmenschen herabzusetzen, lächerlich zu machen und zu entwürdigen. Da sich beim narzisstischen Menschen hinter der großartigen Fassade starke Selbstwertzweifel und Versagensängste verbergen, der Narzisst also ständig mit Minderwertigkeitskomplexen kämpft, legt er sich unbewusst die Haltung des einäugigen Königs zu. Er wird die mächtige Führungsposition trotz seiner Minderwertigkeitsgefühle nur behalten können, wenn er lauter Blinde, also ihm unterlegene Menschen, um sich hat – für deren Unterlegenheit er selbst sorgt.

Der Narzisst kann gar nicht anders, als seine Mitmenschen zu kritisieren, zu beschimpfen, lächerlich zu machen und zu entwerten.

In zugespitzter Form findet man Empathiemangel und Entwertung anderer im Persönlichkeitsprofil von Serienkillern und Despoten. Die großen Tyrannen der Menschheit waren nicht, wie dies so oft behauptet wird, wahnsinnig oder verrückt. Vielmehr wiesen sie eine als »maligner Narzissmus« bezeichnete Persönlichkeitsstruktur auf, die ganz auf die gefühlskalte Entwertung und Entwürdigung der Mitmenschen ausgerichtet ist. Als Beispiel sei hier Herodes der Große (um 73–4 v. Chr.) herausgegriffen. Dieser ließ zahlreiche Prachtbauten errichten, in erster Linie wohl zur eigenen Ehre. Wie die meisten malignen Narzissten litt er unter chronischen Verfolgungsgefühlen. So wird ihm nicht nur der historisch allerdings nicht gesicherte Kindermord in Bethlehem zur Last gelegt, sondern er verklagte seine Gattin Mariamne, die angeblich schönste Frau ihrer Zeit, wegen Hochverrates und ließ drei seiner Söhne hinrichten. Bei seinem Tod müssen, so habe er laut historischen Berichten angeordnet, Tausende junge Männer getötet werden. Nur dann werde das Volk eine seiner Grandiosität angemessene Trauer aufbringen.

Solche mit extremer Menschenverachtung verbundenen Persönlichkeitsstrukturen finden sich bei autoritären Herrschern bis herauf in die heutige Zeit. Man denke nur an die erzwungenen Trauerexzesse und demonstrativen Tränenorgien beim Tod nordkoreanischer Machthaber.

Narzissmus und Charisma

Der wesentliche Unterschied zwischen narzisstischer und charismatischer Persönlichkeit liegt in der starken Kränkbarkeit und dem ständigen Drang des Narzissten, andere zu entwerten. Zwar hat auch der Charismatiker ein großes Selbstbewusstsein und enorme Durchsetzungskraft. Im Gegensatz zum Narzissten schöpft er sein Selbstvertrauen aber nicht aus der Entwertung anderer und ist selbstbewusst genug, sich mit Kritik auseinanderzusetzen. Er duldet auch andere Götter neben sich, er kann andere anerkennen, und er kann es sich ob seines gesunden Selbstvertrauens leisten, den Mitmenschen mit einer Einstellung zu begegnen, welche für den Narzissten unmöglich wäre: mit Wertschätzung.

Die kleinere Schwester: Arroganz

Eng verwandt mit dem Narzissmus und ebenfalls im Gegensatz zur Wertschätzung stehend ist die Arroganz, früher als Hochmut und hoffärtiges Verhalten bezeichnet. »Hoffärtig« geht zurück auf ein mittelalterliches Wort, das für »vornehm, stolz und prachtvoll« steht, heute aber im Sinne von anmaßend, arrogant und herablassend gebraucht wird.

Das mit der Arroganz verknüpfte überhebliche Auftreten gilt in den meisten Weltanschauungen als verwerflich. Berühmt ist das Zitat des Salomon aus dem Buch der Sprüche (16,18): »Wer zu Grunde gehen soll, der wird zuvor stolz; und Hochmut kommt vor dem Fall.« Hier wird darauf verweisen, dass die Eigenschaften Stolz und Hochmut unweigerlich eine Strafe nach sich ziehen, nämlich den Fall aus der selbstherrlichen Erhöhung der eigenen Person. Bemerkenswert ist die inhaltliche Parallelität zum Narzissmythos, welcher ebenfalls mit der Bestrafung des in seiner Selbstsüchtigkeit abgehobenen Helden endet (siehe auch Seite 28). Im Christentum zählt man Hochmut, also Arroganz, neben Habsucht, Neid, Zorn, Unkeuschheit, Unmäßigkeit und Trägheit zu den sieben Todsünden, später Hauptlaster genannt, weil sie als Grundgefährdungen des Menschen meist Wurzel für viele Sünden seien.

Nach moderner theologischer Auffassung wird Hochmut als Weigerung interpretiert, sich in seiner eigenen Menschlichkeit, zu welcher an vorderer Stelle die Empathie gehört, anzunehmen.

Arroganz ist etwas anderes als Selbstüberschätzung, mit der eine Überbewertung der eigenen Fähigkeiten gemeint ist. Ferner ist sie von der Selbstgerechtigkeit zu unterscheiden, welche sich auf das Gefühl der vermeintlichen moralischen Überlegenheit bezieht. Auch lässt sie sich trotz der manchmal identen Verwendung nicht mit Stolz auf sich selbst gleichsetzen, welcher der Freude über eigene außergewöhnliche Leistungen oder Eigenschaften entspringt. Gesunder Stolz ist aber immer mit positiven Emotionen verbunden und geht nicht auf Kosten anderer. Wenn er nicht eine fehlgeleitete Reaktion auf eigene Mängel darstellt und sich nicht auf verwerfliche Handlungen bezieht, fördert er vielmehr die Selbstachtung und damit den Selbstwert.

Da die durch fehlendes Einfühlungsvermögen geprägte Arroganz stets auf soziale Distanz abzielt, steht sie einer wertschätzenden Haltung im Wege. Und auch wenn es von der kulturellen Perspektive abhängt, welches Verhalten als arrogant erlebt wird, kann man oft eine hinter der Fassade liegende persönliche Unsicherheit erkennen. Das ist meist dann möglich, wenn ein arroganter Mensch gezwungen ist, sich plötzlich in ungewohnter Umgebung zu bewegen.

Der beleidigte Zeuge

Ein Chefarzt, mit Vornamen Hans-Peter, war ganz vom Typ des alten Klinikpatriarchen, fachlich hochkompetent, keinen Widerspruch duldend und im Auftreten arrogant. Eines Tages fand er sich in einer ungewohnten Rolle wieder: Er stand vor Gericht – nicht als Laienrichter oder Sachverständiger, sondern als Zeuge – und sollte Angaben zum psychischen Zustand einer früheren, zwischenzeitlich verstorbenen Patientin machen, die ein riesiges Vermögen hinterlassen hatte.

In der unvertrauten Situation, in welcher eine ganz andere hierarchische Ordnung als an der Klinik herrschte, schützte sich Hans-Peter mit dem bei manchen Kapazitäten beliebten Verhalten – er behandelte andere von oben herab: Als ihm der schneidige junge Anwalt eine Frage stellte und dazu die bei Gericht übliche Formulierung verwendete: »Ich halte Ihnen vor …«, reagierte der Starmediziner sichtlich gekränkt. Ohne seine Miene zu verziehen und den Fragesteller eines Blickes zu würdigen, antwortete er mit einer verächtlichen Geste Richtung Rechtsanwaltsbank: »Von Ihnen lasse ich mir nichts vorhalten!« Offensichtlich war Hans-Peter mit der andersartigen Sprache im Rechtswesen nicht vertraut und überspielte die Verunsicherung mit bewährter Arroganz.

Arroganz ist als »distanziertes Verhalten aus Unsicherheit« anzusehen und dient ängstlichen und selbstzweiflerischen Menschen als Schutzfunktion. Es ist deshalb kein Zufall, wenn gerade unreife und emotional instabile Menschen oft zum Kokain, der Droge der Arroganz, greifen.

Wertschätzung als Therapie

Narzisstisches Verhalten ist für die Mitmenschen in Partnerschaft, Familie und Beruf äußerst schwer zu ertragen. Die oft vorhandene anfängliche Begeisterung für den Narzissten erlischt spätestens dann, wenn dieser sein Ego unaufhörlich auf Kosten seines Partners oder Mitarbeiters stärkt. Kein Mensch kann auf Dauer den von Narzissten ausgehenden Bewunderungsdruck ertragen. Niemand wird mit der Rolle des Jasagers oder Jubelknechtes zufrieden sein.

Wertschätzung hat aber im Umgang mit narzisstischen Menschen, auch in der Psychotherapie, eine nicht zu unterschätzende Bedeutung. Erst durch wertschätzendes Lob findet man Zugang zum Narzissten, ansonsten hat man wenig Chance. Ähnlich, wie beim Drogenentzug das Suchtmittel gezielt eingesetzt, dann aber allmählich herunterdosiert werden muss, braucht ein sich der Realität stellender Narzisst anfangs sein Rauschmittel, nämlich Zuwendung und Anerkennung. Allerdings müssen die ihm entgegengebrachten Gefühle echt sein und wohlüberlegt eingesetzt werden. Im weiteren Verlauf sollte das Selbstvertrauen des Selbstsüchtigen dann so gestärkt werden, dass er sich zutraut, ohne Lobhudelei und Pseudobewunderung zurechtzukommen.

Nun mag es manchen Lesern und Leserinnen widersprüchlich erscheinen, wenn der zunehmende gesellschaftliche Narzissmus einerseits als hauptverantwortlich für den Niedergang der Wertschätzung gesehen und auf der anderen Seite die Befähigung zur Wertschätzung von der Stärkung des Selbstwertes abhängig gemacht wird. Dem ist entgegenzuhalten, dass der Narzisst ja innerlich an Minderwertigkeitsgefühlen leidet und er die Anerkennung von außen gerade wegen seiner Selbstwertzweifel und Versagensängste braucht.

Weiters sind bei den Gegenpositionen von zu viel an Narzissmus einerseits und zu wenig an Wertschätzung andererseits die richtige Verteilung und das rechte Maß an Zuwendung und Anerkennung zu beachten. Bei der Stärkung des Selbstwertes geht es zudem um echte Anerkennung und authentisches Lob, nicht um rauschhaft und damit nur vordergründig wirkende Lobhudelei und Zwangsbewunderung.

Ein gesundes Maß an Narzissmus ist für die positive Persönlichkeitsentwicklung von Wichtigkeit, ansonsten käme es zu ständigen Minderwertigkeitsgefühlen, chronischer Unzufriedenheit und einer Zunahme psychischer Störungen. Die heutige weite Verbreitung, also die »Demokratisierung« des Narzissmus, hat viele positive Seiten, sie darf aber nicht auf Kosten anderer gehen. Entscheidend ist immer die Leidensgrenze, will heißen, erst wenn jemand unter narzisstischem Verhalten leidet, sei es die Umgebung oder der Betroffene selbst, entsteht ein Problem. Erst recht, wenn der Narzissmus die gesellschaftliche Stimmung prägt, weil dann die Gefahr emotionaler Kälte und sozialer Entsolidarisierung wächst. Dies fördert ein allgemeines Klima fehlender Wertschätzung.

Eines muss klar sein: Narzissmus ist nicht von vornherein etwas Schlechtes, es geht vielmehr um die richtige Dosis.

Damit Sie, falls Sie es mit Narzissten zu tun haben, die narzisstische Entwertung möglichst unbeschadet überstehen und den eigenen Wert wahren können, sind drei Haltungen beziehungsweise Strategien hilfreich. Sie finden sie auf der folgenden Seite.

Impuls

1. Sie brauchen ein gewisses Maß an Gelassenheit, um Kränkungen nicht zu nah an sich heranzulassen und den manchmal geradezu verzweifelten Charakter der narzisstischen Beeinflussungsversuche und Angriffe zu erkennen.

2. Hilfreich sind ferner Lachen und Humor. Dies nicht nur, weil beides spannungslösend und befreiend wirkt, sondern weil der Narzisst davor Respekt hat: In seiner aus den Minderwertigkeitskomplexen resultierenden Angst, verlacht zu werden, scheut er derartige Emotionen. Begegnen Sie ihm (oder ihr) mit heiterer Gelassenheit, wird er auch Respekt vor Ihnen bekommen.

3. Wenn eine narzisstische Persönlichkeit ihren Charakter niemals ändert, wenn sich keine positive Entwicklung einstellt und es keine Aussicht auf Besserung gibt, ist die Distanzierung für die Mitmenschen der einzige Weg, um ihren Selbstwert zu retten. Das mag Ihnen schmerzlich erscheinen, ist aber gesund!

Weniger Wertschätzung, mehr Aggression

»Mit einer geballten Faust kann man keinen Händedruck wechseln.«

INDIRA GANDHI

Mangelnde Wertschätzung bleibt nie ohne Folgen. Da die Reaktionen darauf aber oft wenig dramatisch und mehr nach innen gerichtet sind, werden sie meist auch wenig beachtet oder völlig unterschätzt. Bei genauer Analyse erkennt man jedoch, dass die Verarbeitung unerfüllter Bedürfnisse nach Zuwendung und Beachtung aggressive Züge enthält und häufig von selbstdestruktiver Natur ist.

Generell lassen sich die Reaktionen der Opfer fehlender Wertschätzung in normale und gestörte, in gesunde und krankhafte, in nach außen und nach innen gerichtete, in aktive und passive sowie in fremd- und selbstaggressive Verhaltensweisen einteilen. Wenden wir uns zunächst den Letzteren zu. Wenn jemand Enttäuschungen und Frustrationen in sich »hineinfrisst« und hinunterschluckt, kann dies zu psychischen Problemen wie Depressivität, Sucht oder psychosomatischen Störungen führen. In besonders tragischen Fällen steht am Ende einer solchen Entwicklung der Suizid, die maximale Selbstaggression. Denn wenn bei einem menschlichen Individuum das Gefühl überhand nimmt, nichts mehr wert zu sein, ist ihm sein Leben auch nichts mehr wert. Das zeigt mit trauriger Eindrücklichkeit das folgende Fallbeispiel.

Ohne Sinn und Wert

Die 70-jährige Anna stürzte sich vom Balkon des Altersheimes in den Tod. Sie war aus dem Kreis der beieinandersitzenden Bewohner wortlos aufgestanden, hatte ihren Stuhl genommen und ruhig an die Brüstung gestellt. Etwas ungelenkig stieg sie hinauf und sprang mit einem Lächeln im Gesicht.

Anna war eine völlig unauffällige, bescheidene und anspruchslose Frau. Seit dem Tod ihres Mannes hatte sie nie Besuch bekommen, nicht einmal Post. Die Heimleitung wusste gar nicht, wen man von ihrem Tod verständigen könnte. In Annas Zimmer fand man eine Abschiedsbotschaft: »Wenn man für niemandem etwas wert ist, hat auch das Leben keinen Wert und Sinn«, stand mit feiner Handschrift auf einem alten Korrespondenzpapier geschrieben.

Je nach Persönlichkeit und individueller Erlebnisverarbeitung kann sich eine aggressive Reaktion auf vorenthaltene Wertschätzung aber auch gegen die Mitwelt richten und wird dann zu einer wesentlichen Ursache kriminellen Verhaltens. Dies kann von Eigentumsdelikten über Beziehungstaten bis hin zu offen geführtem Kampf um Anerkennung in Form von gewalttätigen Protesten und Aggressionshandlungen, ja zu bewaffneten Konflikten reichen.

Ernüchterung oder das böse Erwachen

Hofft jemand lange Zeit vergeblich auf positive Zuwendung und muss schlussendlich die chronische Missachtung zur Kenntnis nehmen, treten zunächst Ernüchterung und Enttäuschung ein. Ernüchterung kann man als das »Ende eines Begeisterungsrausches« definieren. Damit ist die Leidenschaftlichkeit angesprochen, mit der eine Person Zuwendung und Achtung erwartet. Das Verlangen nach Wertschätzung kann emotional derart hoch besetzt sein, dass manchmal der Realitätsbezug beinahe verloren geht und die Besonnenheit unter der sehnsüchtigen Erwartung leidet. Umso bitterer ist dann die Erkenntnis über die – scheinbare oder tatsächliche – Lieblosigkeit der Umwelt und die Unwichtigkeit der eigenen Existenz für andere.

Ein derart böses Erwachen wird als »Realitätsschock« bezeichnet. Dieser ist mit erheblicher Irritation des oder der Betroffenen und Verunsicherung der eigenen sozialen Position verbunden. In der Regel löst die Konfrontation mit der kalten Wirklichkeit eine anhaltende Kränkungsreaktion aus, an deren Beginn tiefe Enttäuschung steht. Enttäuschung heißt, dass jemand getäuscht worden ist oder sich getäuscht hat, ohne vorausgehende Täuschung ist diese Reaktion nicht möglich. Besonders bitter ist die Ernüchterung, wenn die Täuschung als eigener Fehler erkannt wird. Oft ruft dies dann Schuldvorwürfe und Zweifel, fast immer Versagensgefühle und Frustration hervor, manchmal auch Rachegedanken, die sich gegen die nur scheinbar schöne und heile, jetzt aber als kalt erlebte Welt richten. In solchen Empfindungen und Interpretationen liegt eine der vielen Teilursachen heutiger Gewaltbereitschaft und -kriminalität. Wie groß das Bedürfnis nach Respekt in vielen Menschen verankert ist, zeigt sich in sogenannten Ehrdelikten, aber auch in oft unmotiviert wirkenden Beziehungstaten.

Plötzlich der Stärkere

»Respekt, Respekt, Respekt …«, soll Ronald laut dem einzigen Zeugen gebrüllt haben, als er wie von Sinnen auf das bereits leblos am Boden liegende Opfer einstach. Als die Polizei eintraf, lag er blutüberströmt und weinend auf dem toten Körper und stammelte: »Hätte er mich doch akzeptiert.« Bei der Obduktion zählten die Gerichtsmediziner am Leichnam des Toten, eines großen und kräftigen Mannes, 31 Stiche. Sie sprachen von einem »Overkill«, von einer »Übertötung«.

Ronald, ein schmächtiger Jugendlicher, wies die in solchen Fällen so oft zu findende Vorgeschichte auf: zerrüttete Familienverhältnisse, emotionale Verwahrlosung, Hyperaktivität und Lernprobleme, Cannabismissbrauch und Lehrabbruch. In der Zeit des Erwachsenwerdens erlebte er sich als ausgeschlossen, wenig geachtet und minderwertig. Auf der Suche nach Anschluss, wohl auch nach familiärer Geborgenheit, geriet Ronald in eine Gruppe delinquenter junger Erwachsener. Er war der jüngste, kleinste, schwächste und wurde in der Gang »unser Baby« genannt. Besonders der Anführer, das spätere Opfer, hänselte und missachtete ihn fortlaufend. Nichts aber wäre Ronald wichtiger gewesen, als von diesem starken Mann, der für ihn wohl eine Vatergestalt darstellte, einmal ernst genommen zu werden, ein einziges Mal von ihm Anerkennung zu erhalten. Dann hätte er sich als aufgenommen, als akzeptiert und gleichwertig erlebt: »Dann wäre ich jemand gewesen!«, gestand er.

Im Drogenrausch war es zwischen den beiden zu einer Rempelei gekommen, ein Stoß ergab den nächsten, der körperlich überlegene Anführer kam zu Sturz. Ronald war plötzlich in der Position des Stärkeren, ungläubig sah er seine Chance. Er ergriff ein Messer und wollte den mächtigen, immer bewunderten Kopf der Bande zwingen, ihn endlich ernst zu nehmen und anzuerkennen. Als das nicht gelang, stach Ronald zu.

Aber nicht nur solche schrecklichen Taten können durch mangelnde Wertschätzung motiviert sein, sondern auch weniger folgenschwere Delikte. Nicht selten fühlen sich Betrüger und Einbrecher durch fehlende Zuwendung und Anerkennung berechtigt, sich das zu holen, was ihnen ihrer Meinung nach zusteht. Neben den üblichen kriminellen Motiven findet man bei genauer Befragung von Eigentumsdelinquenten erstaunlich oft die Begründung, dass sie sich an der Welt rächen wollten, die ihnen gerechten Lohn und Beachtung vorenthalte. Die modernen, virtuellen Straftaten wie Cyberbullying, Internetmobbing,

Hassposting und Ehrverletzungen über das Netz wurzeln ohnehin fast immer in Selbstwertzweifeln und Gefühlen eigener Bedeutungslosigkeit der gehemmt-aggressiven Täter.

Amok und Terror

Mit mangelnder Wertschätzung und Kränkungen lassen sich keinesfalls alle Übel dieser Welt erklären. Das Böse hat unendlich viele Ursachen und wandelt stets sein Gesicht. Unter den modernen Straftaten ragen aber zwei heraus, welche ganz wesentlich Folge von Nichtbeachtung, Geringschätzung und Entwertungsgefühlen sind, nämlich Amok und Terror.

Ausdrücklich werden im Folgenden diese beiden, fälschlicherweise meist synonym verwendeten Begriffe auseinandergehalten, da die dahinterstehende Psychologie sehr unterschiedlich ist und sich das psychologische Profil der Täter ganz wesentlich unterscheidet. Während Amokläufer sich persönlich zu wenig wertgeschätzt fühlen, reagieren Terroristen vornehmlich auf Entwertungen von Idealen und Zielen ganzer Kollektive. In beiden Fällen manifestiert sich jedoch, wie in einer Zeit der scheinbar motivloser werdenden Schwerverbrechen wenig beachtete, vordergründig nichtige Anlässe wie Geringschätzung zu unbegreiflichen Aggressionshandlungen führen können. Dass diese moderne Form des Bösen sehr relevant geworden ist, zeigt zum Beispiel die folgende Schlagzeile aus den USA: »Mehr tote Schulkinder als Soldaten im Jahr 2018.«

Wenn das Fass überläuft

Nach der Definition der Weltgesundheitsorganisation WHO versteht man unter Amok eine plötzliche, willkürliche, nicht provozierte Gewaltattacke mit mörderischem oder zumindest erheblich zerstörerischem Verhalten und häufigem Umschlag in suizidale Reaktionen. Obwohl der Begriff aus der malaiischindonesischen Kultur (von »amuk« für »wütend, rasend«) stammt, stellt das, was damit gemeint ist, ein überkulturelles Phänomen dar – was wiederum auf die Bedeutung von Kränkung und fehlender Wertschätzung als Hauptmotiv in allen Gesellschaften hinweist.

Amokläufe wurden früher immer mit schweren psychischen Störungen, vor allem mit Wahnerkrankungen, Abnormitäten der Gehirnstromaktivität, mit Dämmerzuständen und pathologischen Räuschen in Verbindung gebracht. In späteren Erklärungen wurden psychosoziale Umstände in den Vordergrund gerückt. Zwar konnte bei Amokläufern im Gegensatz zu Terroristen eine relativ hohe Rate an psychischen Störungen nachgewiesen werden. Überraschend waren aber die niedrigen Raten einschlägiger zu erwartender Risikofaktoren, also der üblichen Verdächtigen wie gestörte Vater- und Mutterbeziehung oder schlechte soziale Verhältnisse.

> *Übereinstimmend betonen die wissenschaftlichen Untersuchungen die Bedeutung von Minderwertigkeitsgefühlen, Wunsch nach Selbstdarstellung, Kränkungen und mangelnder Anerkennung.*

Die zentralen Risikofaktoren bestehen bei Amokläufern vor allem in Depressionen mit Suizidneigung, narzisstischer Persönlichkeitsstruktur, Gewaltfantasien, kritischen Lebensereignissen, Zurückweisungen, Mobbing und Bullying sowie in Kränkung und fehlender Wertschätzung. In den typischen Profilen der Amokpersönlichkeiten werden geltungsbedürftige, abnorm erregbare sowie unkontrolliert-aggressive Züge beschrieben, aber auch gutmütig und anspruchslos wirkende Charaktere genannt.

Drang zur Zerstörung

Am 14. Februar 2018 eröffnete der 19-jährige Nikolas an seiner früheren Schule, der Douglas High School in Parkland/Miami, mit einem halb automatischen Gewehr das Feuer auf seine früheren

Mitschüler, tötete 17 von ihnen und verletzte weitere 17 Personen schwer. Nach der Tat ließ er sich widerstandslos festnehmen. Im Verhör berichtete Nikolas über mehrere Suizidversuche, über Depressionen und Alkoholmissbrauch nach dem Tod seiner Mutter, die Ende 2017 an der Überdosis eines Schmerzmittels gestorben war. Er habe einen Drang verspürt, alles zu zerstören. Besonders belastet habe ihn daneben, dass er keine Freunde gehabt und von niemandem gemocht worden sei.

Im Amoklauf zeigt sich die ganze Macht von Kränkungen, also von objektiv kleinen Auslösern, die aber von den Betroffenen subjektiv wie große Schicksalsschläge oder Lebensdramen erlebt werden. Da Kränkungen, wie bereits ausgeführt (siehe Seite 77 bis 78) meist schamhaft verschwiegen und tabuisiert werden, können sie ihre zermürbende Kraft unbemerkt entfalten und sind für Außenstehende fast nie erkennbar. Eine der folgenschwersten Kränkungen ist ein Defizit an Anerkennung. Wird das Grundbedürfnis nach Zuwendung und Wertschätzung nicht erfüllt, reagiert der Betroffene mit Verzweiflung, mit ohnmächtiger Wut und steigendem Hass. Wenn dann noch das in jungem Lebensalter besonders sensible Gerechtigkeitsgefühl verletzt wird, kann ein letzter Tropfen das von narzisstischen Kränkungen volle Fass zum Überlaufen bringen. Amokläufe sind also keine spontanen, anfallsartigen Ausraster, sondern dramatische Endstrecken einer langen, meist unbemerkt verlaufenden inneren Entwicklung.

Mit dem Amoklauf erreicht der Täter zwei Effekte:

- Er kann sich an der als lieblos, kalt und ausschließend erlebten, ihn missachtenden Welt rächen und gleichzeitig
- sich selbst aus der Bedeutungslosigkeit hinaufkatapultieren zu jemandem, der zumindest für einige Zeit weltweit beachtet wird. »Einmal nicht nichts sein« lautet das Motiv.

In ihrer Gier nach Anerkennung identifizieren sich potenzielle Amoktäter mit großen, meist kriegerischen Gestalten, mit Rambo- und Heldenfiguren aus Computerspielen oder mit anderen Amokläufern. Letzteres ist besonders problematisch, denn die Identifikation fällt leichter, wenn das Vorbild »einer wie ich« ist und so zur Nachahmungstat ermutigt.

School-Shooting

Nirgendwo zeigt sich der psychologische Hintergrund, aber auch die gesellschaftliche Relevanz von Amok und Massaker deutlicher als in der schrecklichsten Form, dem sogenannten School-Shooting. Solche Taten waren bis 1990 nur sporadisch vorgekommen, ehe ab 1990 eine Verdoppelung und ab dem Jahr 2000 eine Verfünffachung der Häufigkeit zu beobachten war. Dies wird vor allem auf den starken Einfluss der modernen Medien auf die Täter und den unzweifelhaft gegebenen Nachahmungseffekt zurückgeführt. Besonders diskutiert wird die Bedeutung aggressiver Computerspiele, die Motive und Verhaltensschablonen zur aggressiven Selbstbestätigung liefern können. Die Bevorzugung der Schule als Tatort wird damit begründet, dass sie für die Täter in dieser Lebensphase der Ort der meisten Kränkungen gewesen sei.

Schrecken verbreiten, Druck ausüben

Anders stellen sich die psychologischen Hintergründe des Terrors dar. Aber auch hier kommt Kränkungen und fehlender Wertschätzung eine außerordentlich hohe Bedeutung zu – weniger für das Individuum als vielmehr für ganze Gruppen. Die empirische Datenbasis ist dürftig, da es nur wenige überlebende

Terroristen gibt oder sie die Kommunikation verweigern und es weit von sich weisen, unter psychischen Problemen zu leiden. Definiert wird Terrorismus als politisch motiviertes Verhalten einer relativ kleinen Gruppe mit hierarchischer Gliederung, die ihren Willen gegen eine bestehende Ordnung durchsetzen will, dabei gut geplante öffentlichkeitswirksame Gewalthandlungen androht oder ausübt, um Angst und Schrecken zu verbreiten und andere Menschen, insbesondere politische Führungen, unter Druck zu setzen.

Auch wenn die Stoßrichtungen sehr unterschiedlich sein können, sind innerhalb der einzelnen Gruppen – welche Überlappungen mit Sekten und organisierter Kriminalität zeigen – die psychologischen Abläufe sehr ähnlich. Der US-amerikanische Psychiater Marc Sageman, der früher als CIA-Officer in Afghanistan stationiert war und eng mit den Mudschahedin zusammenarbeitete, wies den Zusammenhang zwischen mangelnder Anerkennung und höchster Aggressivität durch eine Analyse der Lebensläufe von 400 islamistischen Terroristen nach. Er fand heraus, dass sich diese zuvor in einer als kränkend erlebten Ausgrenzungssituation befunden hatten. Sie fühlten sich sozial isoliert und schlossen sich einer Terrorgruppe an, weil sie in erster Linie dankbar waren, in eine Gemeinschaft aufgenommen zu werden und dort soziale Anerkennung zu finden. Dafür waren sie bereit, zu töten und sogar ihr Leben zu opfern.

Ausgeschlossene und verbitterte soziale Individuen sind dankbare Opfer für radikale politische Organisationen, für terroristische Gruppen und Sekten.

Das neue Gesicht des Bösen

Vieles spricht dafür, dass mangelnde Wertschätzung, Geringachtung und Kränkungen auch im neuen Gesicht des Bösen, also in den Motiven der modernen Kriminalitätsarten, eine immer wichtigere Rolle spielen. Dies lässt sich wegen fehlender Studien zwar wissenschaftlich noch nicht beweisen, doch gibt es mehrere klare Indizien. So ist in der internationalen Gewaltkriminalität ein eindeutiger Trend zu motivarmen, ja zu motivlosen Verbrechen zu beobachten. Wenn im Abschlussbericht zum Attentat des Stephen Paddock in Las Vegas vom 1. Oktober 2017, das 58 Menschenleben forderte, dezidiert festgestellt wird, dass kein Motiv gefunden werden konnte, erhebt sich der Verdacht auf eine nicht erkennbare oder nicht genügend beachtete Motivation wie Kränkungserlebnisse, Alltagsfrustrationen oder mangelnde Beachtung und Zuwendung.

Hinter den Straftaten von Migranten aus Kulturkreisen, in denen der Ehrbegriff noch große Bedeutung hat, stehen oft Wertschätzungsprobleme. Auch die auffallende Serie von Morden an jungen Frauen, welche in Europa in letzter Zeit zu beobachten war, findet einen gemeinsamen Nenner im Versuch der Machtdemonstration, also der pathologisch übersteigerten Selbstwertschätzung aufseiten der männlichen Täter und in der Verachtung der Opfer, in der fehlenden Wertschätzung gegenüber der Persönlichkeit der Frau. Hier ist mangelnde Wertschätzung einerseits Motiv oder Motivation für die Tat und andererseits Haltung gegenüber den Opfern.

Burn-out & Co. – die verbrannte Wertschätzung

»Pflichten werden nicht um ihrer selbst willen erfüllt, sondern weil ihre Missachtung das Behagen des Menschen beeinträchtigen würde.«

MARK TWAIN

Fehlende Wertschätzung ist die Wurzel von manchem Übel. Partnerschaftliche Beziehungen können auf Dauer nicht funktionieren, wenn die Wertschätzung verloren geht. Im Berufsleben wird allzu oft auf die effektivste Maßnahme zur Förderung der Mitarbeitermotivation und Verbesserung des Betriebsklimas verzichtet, die Wertschätzung. Ohne sie gibt es keine zufriedenen Mitarbeiter. Auch bei gesellschaftlichen Entwicklungen ist die Bedeutung der Wertschätzung nicht zu unterschätzen, wie einige der vorhergehenden Kapitel gezeigt haben. Viel zu wenig wird aber Wertschätzungsmangel als Ursache psychischer Störungen wie Selbstwertzweifel, Suchterkrankungen oder Burn-out-Syndrom bedacht.

Besonders eindrucksvoll lässt sich dies am Beispiel dessen zeigen, was heute als Burn-out bezeichnet wird. Mit dem Begriff des »Ausgebranntseins«, der eine Vielzahl psychischer Störungen umfasst, wird nämlich das bedeutendste Negativgefühl der modernen Gesellschaft treffend beschrieben. Burn-out ist eine unglaublich starke Bezeichnung: Zwei Silben liefern eine phänomenologisch einzigartige Beschreibung, sie bedürfen keiner näheren Erklärungen und weiteren Differenzierungen, jeder weiß im Prinzip, was damit gemeint ist. Burn-out sagt einfach alles und hat zudem als englischer Begriff den Vorteil, dass er zur

Sprache der modernen Wissenschaft gehört und einen Touch von Internationalität und Modernität vermittelt. So bekennt man sich viel leichter zur Störung, erkennt sie eher als »richtige« Krankheit an. Die Diagnose ist weder anrüchig noch antiquiert. Gewollt oder nicht, hat der Burn-out-Begriff viel zur neuen Wertschätzung psychischer Störungen und Erkrankungen, also zu deren Enttabuisierung und Anerkennung beigetragen. Die Popularität dieser Bezeichnung hat dazu geführt, dass die Menschen nun über psychische Probleme offener reden, sie weniger verdrängen und unvoreingenommen zur Sprache bringen. Burn-out gilt nicht als Zeichen von Schwäche oder fehlendem Willen, und man muss sich einer solch modernen Störung nicht mehr schämen. Der Burn-out-Begriff hat den psychischen Erkrankungen viel an Wertschätzung gebracht.

Mit der sich dank des Burn-out-Begriffes allmählich ändernden Einstellung ist ein besserer Zugang zu psychischen Störungen und Krankheiten möglich, die Probleme können klarer identifiziert werden, und die Behandlung kann frühzeitig beginnen.

»Wer hat noch kein Burn-out?«, titelte kürzlich ein bekanntes Wochenmagazin und brachte damit zweierlei zum Ausdruck:

- einerseits die ungeheure Popularität dieses Begriffes, der ein vielen Menschen bekanntes Gefühl in treffender Weise anspricht,
- andererseits die inflationäre Verwendung eines Ausdrucks, welcher für eine ganze Palette psychischer Beeinträchtigungen herhalten muss.

Der oft fälschlich gestellten Universaldiagnose Burn-out werden zahlreiche Missbefindlichkeiten und Verhaltensweisen zugeordnet, die damit nicht viel zu tun haben. Niedergeschlagenheit, Interessenverlust, Bedrücktheit, Sinnlosigkeitsgefühl, Null-Bock-Haltung oder schlichtweg Faulheit werden heute ebenso dem

Ausgebranntsein zugeordnet wie viele schwerere Störungen, welche weit über einen depressiven Erschöpfungszustand – nichts anderes ist Burn-out – hinausgehen. Während früher melancholische Menschen ihre Depressionen gerne verheimlicht haben und überhaupt psychische Probleme weitgehend tabuisiert worden sind, erzählt man heute freimütig, manchmal nicht ohne einen gewissen Stolz, von seinem Burn-out. Man hat ja extrem viel geleistet und sich bis zur völligen Erschöpfung verausgabt. Burn-out ist der Beweis für enorme Schaffenskraft, für einen über die eigenen Grenzen hinausgehenden beruflichen Einsatz, für Fleiß und Arbeitswillen, ja für die Bereitschaft, dem Beruf selbst die eigene Gesundheit ein Stück weit zu opfern.

Burn-out ist die Störung der Leistungsgesellschaft, die Kampfesverletzung der Tüchtigen, fast könnte man sagen der Stolz der Industriegesellschaft.

Der Siegeszug des Burn-out-Begriffes beweist aber auch die in den letzten Jahren zu beobachtende Veränderung in der Fokussierung des Gesundheitsgefühls auch auf den psychischen Bereich und den Zusammenhang zwischen somatischen und seelischen Krankheiten. Salopp gesagt, sterben Pest und Cholera aus, während Angst, Depressionen oder Suchterkrankungen dramatisch zunehmen.

Nach Berechnungen der WHO werden psychische Störungen und seelische Krankheiten in einigen Jahrzehnten die Spitzenränge in der menschlichen Leidensskala, noch vor Herzinfarkt und Krebs, einnehmen. Ganz vorne stehen die Störungen des depressiven Spektrums, in welchem Burn-out den mit Abstand größten Anteil hat. All diese emotionalen und mentalen Störungen spielen sich, und das ist für das Thema dieses Buches entscheidend, auf jener Ebene ab, in deren positivem Bereich auch die Wertschätzung anzusiedeln ist. Was hat also Burn-out, die Krankheit unserer Zeit, mit Wertschätzung zu tun? Viel mehr, als vielen Betroffenen und deren Bezugspersonen, aber auch manchen Therapeuten und Wissenschaftlern bewusst ist.

Vom Brennen zum Ausbrennen

Sucht man im therapeutischen Gespräch nach den Ursachen dessen, was die Betroffenen mit Ausdrücken wie »leere Batterien«, »geistige Kraftlosigkeit« und »Ausgebranntsein« beschreiben, stößt man überraschend oft auf Gefühle mangelnder Anerkennung und fehlender Wertschätzung. Neben den bekannten Burn-out-Risikofaktoren wie Einsatzfreude, hoher Leistungsanspruch, Ehrgeiz und Genauigkeit sowie den klassischen Auslösern Über- und Mehrfachbelastung kommt dem Fehlen von positiven Feedbacks enorme Bedeutung zu. Komplexe Störungen lassen sich zwar nie auf eine einzige Ursache zurückführen, aber die bisher unterschätzte Bedeutung mangelnder Wertschätzung findet in der Burn-out-Forschung immer mehr Anerkennung. So sieht der Medizinsoziologe Johannes Siegrist den größten Risikofaktor für Burn-out nicht in Überlastung, Überforderung oder Dauerdruck, sondern in dem Gefühl, sich ständig anzustrengen, ohne dafür etwas zu bekommen. Burn-out beziehungsweise depressive Erschöpfung resultiert also nicht nur aus chronischer Überlastung, sondern aus einem Mangel an »Futter für die Seele«. Ein Marathonläufer kann wegen Kräfteüberforderung und Überanstrengung zusammenbrechen, genauso aber, wenn er auf der langen Strecke kein Wasser und keine Stärkung erhält. Sofern der Mensch tatsächlich ein ständiges Verlangen nach Anerkennung hat, wird er bei vergeblichem Kampf um Zuwendung und Respekt unter chronischen Stress geraten. Er kann sich anstrengen, wie er will, Tag und Nacht arbeiten und Aufgaben für zwei übernehmen, erhält aber trotzdem nicht das, wonach er sich so sehr sehnt. All seine Arbeit ist selbstverständlich, sein stetes Bemühen fällt gar nicht auf, seine Leistung wird nicht geschätzt. Dies bedeutet ständigen Stress und Dauerfrustration, beides brennt den Menschen aus, beides fördert gesundheitliche Probleme und führt unter Umständen zu vorzeitiger Alterung und frühem Tod.

Wenn wir den Prozess des inneren Ausbrennens begreifen wollen, müssen wir weit vor dem Auftreten erster Symptome beginnen, nämlich bei der Person und Lebenssituation der Gefährdeten. »Ausbrennen kann nur, was einmal gebrannt hat« heißt ein in der Burn-out-Diskussion nie fehlendes, tatsächlich sehr treffendes Argument. Damit will man zum Ausdruck bringen, dass besonders Menschen mit enormem Einsatz und Fleiß, mit Verlässlichkeit und vorbildlichem Engagement, mit großem Leistungswillen und hohen Zielsetzungen gefährdet sind. Menschen also, die hohe Anforderungen an sich selbst stellen, die sich ständig verausgaben, die immer zur Stelle sind, die nicht Nein sagen können – und die viel zu wenig Wertschätzung erfahren. Da sie immer funktionieren, stets bereitstehen und kaum einmal klagen, wird ihre Leistung als etwas Selbstverständliches betrachtet und nicht mehr geschätzt und gewürdigt.

Wenn man den Ergebnissen einer amerikanischen Studie über die Lebenserwartung von Schauspielern und Schauspielerinnen glauben darf, haben jene, die den Oscar erhalten haben, gegenüber den nominierten, aber nicht ausgezeichneten Kandidaten eine um durchschnittlich drei Jahre höhere Lebenserwartung.

Erstaunlicherweise werden in dem oben beschriebenen psychologischen Profil der Burn-out-Kandidaten zwei wesentliche, dazugehörige Charakterzüge zu wenig hervorgehoben: Empfindlichkeit und Gerechtigkeitsgefühl. Da sensible Menschen aber Gefühle und fehlende Rückmeldungen intensiv wahrnehmen, empfinden sie vorenthaltene Wertschätzung als besonders belastend. Für ihren fein ausgebildeten Gerechtigkeitssinn stellt es darüber hinaus eine eklatante Ungerechtigkeit dar, wenn Anstrengung und Leistung nicht durch wertschätzende Zuwendung belohnt werden. Somit kämpfen Burn-out-gefährdete Menschen eigentlich lange Zeit auch um mehr Wertschätzung für die Gerechtigkeit, was den Stress verstärkt und das Ausbrennen von Motivation, Energie und Selbstvertrauen fördert.

Am Anfang steht ein vages Gefühl

Da die Anfangssymptome des Burn-out unspezifisch sind, werden sie lange Zeit nicht einer bestimmten Störung, etwa einem depressiven Erschöpfungszustand, zugeschrieben. Meist denken Betroffene und Behandler zunächst an körperliche Ursachen, etwa Kreislauf- und Stoffwechselstörungen, versteckte Entzündungen oder chronische Infekte. Die Betroffenen spüren ein vages, nicht leicht zu beschreibendes Gefühl, etwas könne nicht in Ordnung sein. Sie fühlen sich nicht mehr wohl in ihrer Haut, leiden unter scheinbar grundlosen Angstattacken, reagieren mürrisch und gereizt. Als sensibelster Indikator erweist sich einmal mehr der Schlaf. Noch nicht fassbare Sorgen verhindern das Einschlummern, zerhacken die Schlafphasen und nehmen während des langen Wachliegens bedrohliche Formen an. Im weiteren Verlauf des schleichend beginnenden Burn-out-Prozesses werden Frustration, Ärger und Erschöpfung somatisiert, das heißt in körperlichen Missbefindlichkeiten und Funktionsstörungen wie Kopfschmerzen, Rückenweh oder Druck auf der Brust zum Ausdruck gebracht.

Etwa 20 Prozent der Burn-out-Patienten nehmen an Gewicht zu, weil sie sich Kummerspeck anessen. Hingegen ist bei 80 Prozent ein Gewichtsverlust festzustellen, weil selbst die Lust am Essen vergangen ist.

Im nächsten Stadium dominieren Nervosität, Gereiztheit im zwischenmenschlichen Umgang, Niedergeschlagenheit, Frustration, Interessenverlust und Apathie. Die frühere Begeisterung weicht einer durchgehenden Desillusionierung, Gefühle der Hilflosigkeit und Ohnmacht machen sich breit. Bei der bisher vertrauten Arbeit und in der Kommunikation treten Entfremdungsgefühle auf, welche sich in Gereiztheit, Zynismus, Schuldzuweisung und Abwertung anderer manifestieren. Dadurch wird genau das verhindert, was der ausbrennende Mensch jetzt besonders bräuchte: positive Zuwendung. Er bekommt sie nicht mehr oder noch weniger davon, weil seine Bezugspersonen in Privatleben und Beruf ob seines Verhaltens irritiert und verärgert sind. Mit vermehrtem Alkohol- und Zigarettenkonsum oder mit dem Griff zu Beruhigungsmitteln versuchen Betroffene dann häufig eine Selbstbehandlung. Dies nicht selten um den Preis der Gewöhnung und Abhängigkeit.

Symptome, Ursachen und Auslöser

Weil das Burn-out stets den ganzen Menschen erfasst, äußert es sich auf allen drei Ebenen der Gesundheit, im psychischen, sozialen und körperlichen Bereich. Es liegt deshalb eine große Vielfalt an Symptomen vor, die nicht allein für Burn-out typisch sind, was die frühzeitige Diagnose erschwert. Die Aufzählung folgt der ungefähren zeitlichen Reihenfolge des Auftretens der Symptome.

Die Symptome auf einen Blick

Psychische Erschöpfung:

- Konzentrationsstörungen
- Vergesslichkeit, Verlangsamung
- Antriebslosigkeit, Motivationsmangel
- Verlust geistiger Flexibilität und Kreativität
- Versagensängste, Überforderungsgefühl
- Selbstwertzweifel, Selbstvorwürfe
- Reizbarkeit, Unzufriedenheit
- Verminderte Belastbarkeit und Stressintoleranz
- Freud- und Lustlosigkeit
- Grübelei, Pessimismus, innere Leere
- Zukunftsängste, Gefühl der Aussichtslosigkeit

Soziale Erschöpfung:

- Rückzug, Kontaktabbruch, Isolation
- Kommunikationsprobleme (Reizbarkeit, Verständnislosigkeit, Abwehr, Oppositionsverhalten, Zynismus)
- Vermehrter Krankenstand
- Freizeitinaktivität, passiver Zeitvertreib (Fernsehen, PC-Spiele)
- Aufgeben von Hobbys und Vereinsaktivitäten
- Vermehrter Konsum von Genuss- und Suchtmitteln
- Partnerschafts- und Familienprobleme
- Sinnlosigkeitsgefühl, Todessehnsucht

Körperliche Erschöpfung:

- Energiemangel, Kraftlosigkeit, Schwächegefühl
- Ständige Müdigkeit
- Ein- und Durchschlafstörungen
- Kopf- und Rückenschmerzen
- Druck auf der Brust
- Erhöhter Blutdruck, Herzrhythmusstörungen
- Schwindel, Übelkeit
- Magen-Darm-Beschwerden
- Libidoverlust, sexuelle Funktionsstörungen
- Infektanfälligkeit, Schwächung der Abwehrkräfte

Wie schon erwähnt, lässt sich eine so komplexe psychische Störung wie das Burn-out-Syndrom nicht auf eine einzige Ursache zurückführen. Immer spielen mehrere Faktoren zusammen, von Veranlagung und Verletzlichkeit bis zu Dauerbelastungen und Krankheiten. Nach heutigem Verständnis lässt sich das Ursachenbündel in persönliche Faktoren, in Beziehungsprobleme, starken Arbeitsdruck, private und berufliche Mehrfachbelastungen und gesellschaftliche Ursachen einteilen (siehe Seite 146).

Unter den von den Ursachen zu unterscheidenden Auslösern des Burn-out werden solche, die mit mangelnder Wertschätzung zu tun haben, in der Fachliteratur eher am Rande genannt. Die Ursachen sind vielfältig und bestehen zum Teil über einen sehr langen Zeitraum. Der Auslöser dagegen ist der letzte Tropfen, der das Fass zum Überlaufen bringt.

In der Liste der üblichen Verdächtigen wie hohe Arbeitsbelastung, Termindruck, schlechtes Betriebsklima, wachsende Komplexität der Aufgaben, unzureichende Arbeitsorganisation, Hierarchieprobleme, Verwaltungszwänge, Mobbing oder Angst vor Arbeitsplatzverlust sucht man auch bei den Auslösern oft vergebens nach fehlender Anerkennung oder zu selten erhaltenem Lob. Lediglich beim Thema Gratifikationskrise (siehe Seite 180 bis 183) wird die fehlende Wertschätzung diskutiert. In therapeutischen Situationen sprechen Burn-out-Patienten hingegen das immer stärker werdende Gefühl, stets mehr gegeben als zurückbekommen zu haben, fast immer sehr bald an.

Bei Menschen, deren Motivation und Kraft hauptsächlich wegen fehlender Aufmunterung, Anerkennung und Belobigung ausgebrannt ist, lassen sich zwei große Gruppen unterscheiden:

- Personen, die mit großem Engagement gestartet sind, aber nie positive Rückmeldungen erhalten haben. Bei diesen hält die den anfänglichen Enthusiasmus rasch ablösende Ernüchterung (siehe Seite 128 bis 129) an und geht über in chronische Resignation.

- Bei der anderen Gruppe der Burn-out-Patienten hatte es anfangs zwar ein hohes Maß an Motivation, Achtung und Lob gegeben. Später wurde der Einsatz dann aber als selbstverständlich angesehen und hat kaum noch Anerkennung gefunden, was eine große Enttäuschung hervorruft.

Man kann somit von einer Resignationsform und einer Enttäuschungsform des Burn-out sprechen.

Die Ursachen auf einen Blick

1. **Persönliche Ursachen:** starke Emotionalität, labiles Selbstwertgefühl, hohe Empfindlichkeit, Helfersyndrom, chronische Krankheiten und Leiden, Behinderungen

2. **Beziehungsprobleme:** Partnerschaftskonflikte, familiäre Sorgen, Mitarbeiterprobleme, Mobbing

3. **Arbeitsüberlastung:** hohes Arbeitstempo, engmaschige Kontrollen, unrealistisches Pensum, Termindruck, fehlende Anleitung und Hilfe, widersprüchliche Zielvorgaben, Organisationsmängel

4. **Private und berufliche Mehrfachbelastungen:** familiäre Zusatzfunktionen, Pflegeaufgaben, Ehrenämter, gesellschaftliches Engagement

5. **Gesellschaftliche Ursachen:** fehlende Wertschätzung durch die Gemeinschaft, Mangel an ideologischer Unterstützung, geänderte Einstellung gegenüber dem Beruf, gesellschaftlicher Narzissmus und soziale Kälte

Von Asthma bis Verbitterung

Mangelnde Wertschätzung ist an einer Reihe anderer psychischer Störungen ursächlich beteiligt, etwa bei einer Vielzahl psychosomatischer Krankheiten, bei Abhängigkeit von berauschenden Substanzen sowie bei der Angsterkrankung Sozialphobie und manchmal sogar bei Wahn.

Wenn der Körper sich wehrt

Unter den Somatisierungsstörungen, also den körperlichen Beschwerden ohne fassbaren organischen Befund, lässt sich besonders bei psychisch bedingten Atembeschwerden und Kopfschmerzen ein Zusammenhang mit fehlender Anerkennung finden. Zwar wird immer wieder bezweifelt, ob Asthma allein durch psychische Belastungen ausgelöst werden kann, der enge Zusammenhang zwischen Atembeschwerden und seelischen Belastungsfaktoren ist aber unbestritten. Neben rein körpermedizinischen Faktoren spielt die psychosoziale Komponente – also der Zusammenhang zwischen Psyche und Umfeld – eine entscheidende Rolle. Da der Atem als Symbol für Leben und Emotionalität gilt, ist es kein Zufall, wenn Menschen mit Wertschätzungsproblemen ihren seelischen Konflikt über die Atemorgane ausdrücken. Das Asthma ist dann gleichsam als »stummer Schrei nach Liebe« zu interpretieren.

Ebenso kann man bei organisch nicht erklärbaren Kopfschmerzen häufig ein unerfülltes Verlangen nach Beachtung und Wertschätzung feststellen. Wenn etwa jemand eine berufliche Stellung weit unter seinem Ausbildungsgrad zugewiesen bekommt oder bei Bewerbungen um eine höher qualifizierte Funktion übergangen (also unter seinem Wert gehandelt) wird, drückt er diesen Wertschätzungskonflikt nicht selten über das Symbolorgan für unterdrückte Intelligenz aus, über den Kopf als Sitz des nicht schmerzempfindlichen Gehirns. Auch bei chronischem Schmerzsyndrom oder Hautkrankheiten ist es sinnvoll, einen Zusammenhang zwischen mangelnder Wertschätzung und körperlichen Beschwerden herzustellen. Denn körperlicher kann immer auch seelischen Schmerz ausdrücken. Die Haut als Grenzorgan zwischen Außenwelt und eigener Person wiederum ist Symbol für Zuwendung, Kontakt, Austausch, aber auch Abgrenzung und Individualität.

Die Angst zerstreuen

Die oft gestellte Frage, weshalb sich manche Menschen scheinbar sinnlos berauschen und in die Fänge der Sucht geraten, kann zumindest teilweise mit der Suche nach Wertschätzung beantwortet werden. Noch recht harmlos zeigt sich dies, wenn sich nicht genügend beachtete Jugendliche betrinken, um sich in Szene zu setzen. Problematischer wird die »Flucht in die Sucht« bei psychisch gehemmten Menschen, welche nur im alkohol- oder drogenenthemmten Zustand ihre positive Meinung von sich selbst kundtun können. Zur handfesten Abhängigkeit kann mangelnde Wertschätzung führen, wenn Personen mit versteckten Ängsten sich nur mithilfe einer Droge wichtig und stark fühlen oder nur in berauschtem Zustand keine Angst mehr vor Missachtung und Entwertung haben.

Furcht vor Kontakten und Kritik

Unter den Angsterkrankungen gibt es eine ganz eng mit der Wertschätzungsproblematik verbundene Form: die soziale Phobie. Bei dieser heute stark zunehmenden, meist schon in Kindheit und Pubertät beginnenden Störung resultiert die Angst aus der Befürchtung, von anderen Menschen kritisch betrachtet und negativ beurteilt zu werden. So werden soziale Begegnungen immer mehr gemieden, um sich gar nicht erst blamieren zu können und damit niemand einen bloßstellen kann. Das sich daraus entwickelnde Vermeidungsverhalten führt zu sozialer Isolation und innerer Vereinsamung. Der Erfolg der Therapie hängt in diesen Fällen davon ab, ob der Patient eine wertschätzende Haltung des

Therapeuten erlebt, wie weit sich sein Selbstwertgefühl dadurch heben lässt und ob er trotz seiner Zweifel und Ängste überhaupt noch fähig sein wird, Wertschätzung wenigstens anzunehmen.

Wahnideen als Ausgleich für Versagensängste

In seltenen Fällen kann fehlende Wertschätzung zwar nicht zur Ursache einer Geisteskrankheit, wohl aber zum Inhalt eines psychotischen Wahns werden. Vom Größen- oder auch vom Abstammungswahn sind besonders Personen betroffen, welche ein armseliges, kaum beachtetes Leben führen müssen und nie das Gefühl haben, für jemanden wichtig zu sein. Eine schlecht bezahlte Magd ist plötzlich überzeugt, die heimliche Geliebte eines Großindustriellen zu sein. In einem Langzeitarbeitslosen festigt sich die Überzeugung, von einem Ölscheich testamentarisch bedacht zu werden und demnächst ein großes Erbe anzutreten. Ein gescheiterter Student ist sich ganz sicher, die Weltenformel entdeckt zu haben.

Der Wahn kompensiert bei all diesen Menschen ihre Gefühle des Versagens, der Bedeutungslosigkeit und der fehlenden Wertschätzung. Wie sehr ein Wahn als eine der schwersten Formen psychischer Erkrankung thematisch von Geringschätzung geprägt sein kann und sein Thema aus dem Zeitgeist schöpft, zeigt folgende Geschichte.

Trumps uneheliche Tochter

Eine aus Kärnten stammende junge Hilfsarbeiterin namens Marie wurde ins psychiatrische Krankenhaus gebracht, weil sie völlig verändert war und eigenartige Ideen äußerte. Sie hatte ein unauffälliges, bescheidenes Leben geführt, bis sie auf einmal nicht mehr an ihrem Arbeitsplatz erschien. Die wenigen sozialen Kontakte brach sie ab, verschleuderte ihr spärliches Geld und erzählte, sie werde nach Hollywood übersiedeln.

Während des Untersuchungsgespräches vertraute Marie mir ein Geheimnis an: Sie sei in Wahrheit die außereheliche Tochter von Donald Trump, daran gebe es nicht den geringsten Zweifel. Ihr richtiger Vater, der spätere amerikanische Präsident, sei bei Besuchen in Slowenien, von wo seine Frau herstamme, nachts über die Grenze nach Kärnten gefahren und habe mit ihrer Mutter ein heimliches Verhältnis gehabt. Dies sei ihr bewusst geworden, als die Medien über Trumps »Frauengeschichten« berichteten.

In der psychiatrischen Analyse ließ sich dieser Abstammungswahn als Wunscherfüllung einer sich minderwertig und nie geschätzt fühlenden Person interpretieren. Maries krankhafte Größenideen waren die Reaktion auf ihr als eintönig und armselig empfundenes Leben und die nie erhaltene Wertschätzung. Als Tochter eines mächtigen Politikers war sie nun wichtig, wohlhabend und bedeutend geworden. Der Wahn hat die fehlende Wertschätzung gutgemacht.

Psychische Zermürbung

Viele Störungen, die aus fehlender Wertschätzung resultieren, münden in einen Zustand, den man mit dem treffenden Ausdruck Verbitterung bezeichnet. Alles ist durch und durch bitter geworden. Als chronifizierte, verhärtete, nur noch schwer zu ändernde, nahezu unheilbare Form der Kränkung gilt Verbitterung als eine der klassischen Dauerfolgen fehlender Wertschätzung: »Es ist bitter, nichts mehr wert zu sein« lautet eine in der Therapie oft gehörte Klage. Der mit ständigem Negativstress verbundene Kampf um Anerkennung entspricht einem psychischen Zermürbungsprozess, welcher schlussendlich in anhaltender Resignation, in einem bleibenden Zustand der Bitternis, einer Mischung aus Aggressivität, Resignation, Ohnmachtsgefühl und Selbstzerstörung endet. Verbitterte Menschen fühlen sich in einem »Seelengefängnis«, aus dem es keinen Ausweg mehr gibt. Die Therapie ist nicht einfach, und oft führt eine Verbitterungsstörung zu vollkommener Berufsunfähigkeit.

Die Verbitterungsstörung

Der Berliner Psychiater Michael Linden hat nach jahrelangen Forschungen an diffamierten, frustrierten, verlassenen und gemobbten Menschen ein durch Depressivität, Schlafstörungen, zwangsartige Wiedererinnerungen, Rückzug und Vermeidungsverhalten gekennzeichnetes Störungsbild beschrieben, das er als »posttraumatische Verbitterungsstörung« (Posttraumatic Embitterment Disorder, PTED) bezeichnet. Die Symptomatik dieser durch alltägliche Belastungen wie Partnerschaftsprobleme oder Entwertungen hervorgerufenen Störung entspricht nach Linden jener der häufig diagnostizierten posttraumatischen Belastungsstörung. Damit ließ sich der Beweis erbringen, dass eine Vielzahl kleiner Kränkungen, wie vorenthaltene Wertschätzung, ähnliche Folgen haben kann wie eine mit Todesangst verbundene Katastrophe.

Die beste Medizin gegen Burn-out: Wertschätzung

Wird Burn-out als Prozess betrachtet, welcher zu emotionaler, geistig-mentaler, sozialer und körperlicher Erschöpfung führt, der also alle Dimensionen menschlicher Gesundheit betreffen kann, lassen sich die präventiven und auch heilenden Chancen der Wertschätzung erkennen. Durch Aufmunterung, Anerkennung und Lob könnte zumindest das Gefühl des emotionalen und sozialen Ausgebranntseins vermindert werden. Wertschätzung ist nicht selbst die Therapie des Burn-out, wohl aber ist sie als Voraussetzung für eine erfolgreiche Behandlung unerlässlich. »Soziale Anerkennung ist ein psychosozialer Schutzfaktor, der das Risiko stressassoziierter Erkrankungen und Funktionseinschränkungen signifikant verringert!«,[12] sagt Johannes Siegrist.

Bei erfolgreicher Therapie erkennt der Patient Wohlbefinden und psychische Ausgeglichenheit als lange Zeit vernachlässigte Werte, die sich nicht von selbst einstellen und für die man sorgen muss. Wenn in jedem Therapiekonzept neben Auszeit und Erholung, neben Psychotherapie und gegebenenfalls dem Einsatz von Psychopharmaka dringend zu einer grundsätzlichen Änderung der Lebensführung geraten wird, ist damit in erster Linie eine Neuausrichtung der persönlichen Einstellung zu sich selbst gemeint: ein Umdenken im Hinblick auf psychische, körperliche und soziale Gesundheit, auf eigene Ansprüche und Werte sowie auf Wünsche nach Respekt und Anerkennung. Dazu gehört in erster Linie eine Verankerung der Wertschätzung, sowohl durch Mitmenschen als auch durch sich selbst.

Viele jener Maßnahmen, die zur Behandlung des Burn-out empfohlen werden, sind auch auf eine bessere Wertschätzung der eigenen Bedürfnisse und Gesundheit, der individuellen Werte, ja der ganzen Persönlichkeit gerichtet.

Von Burn-out zur Depression

Kommt es zu keiner Intervention, zu keiner Änderung im Lebensstil und zu keiner intensiven Zuwendung und Hilfe, endet der Prozess des emotionalen Ausbrennens in der Depression, in der Krankheit der »Losigkeit«. Mit dem ausgebrannten Menschen ist dann nur mehr los, was auf -los endet: Er ist antriebs-, lust-, freud- und ideenlos, er wird von Kraft-, Appetit- und Schlaflosigkeit geplagt und von Interesse- oder Motivlosigkeit beherrscht. Schließlich verfällt er in den kaum zu ertragenden, gefährlichen Zustand der Hoffnungslosigkeit. Damit verbunden sind häufig Lebensüberdruss und Todessehnsucht, da nur noch in der großen Ruhe eine Lösung gesehen wird.

Die aus dem Burn-out resultierende chronische Depression ist nicht mit der klassischen Melancholie, also der ohne erkennbaren Grund und ohne konkreten Auslöser auftretenden Depressionskrankheit, zu verwechseln, wenngleich der Verlauf ähnlich sein kann. Bei so schweren depressiven Zuständen kann in der Therapie zumindest in der Anfangsphase meist nicht auf Medikamente verzichtet werden. Diese können zwar weder die eigentlichen Ursachen bekämpfen noch eine Psychotherapie und eine Änderung des Lebensstils ersetzen, sind aber in der Lage, quälende Symptome wie die Schlafstörungen oder den Antriebsverlust zu lindern. Aus diesem Grund werden bei schweren Fällen von Burn-out ebenfalls manchmal Psychopharmaka verordnet, um die Betroffenen überhaupt erst wieder in die Lage zu versetzen, eine Therapie anzugehen. Unverzichtbar ist aber von Anfang eine wertschätzende Haltung sowohl gegenüber dem Störungsbild Burn-out als auch gegenüber den Burn-out-gefährdeten und -betroffenen Menschen.

Psychologie des Lobens und Dankens

»Die gute Tat, die ungepriesen stirbt, würgt tausend andre, die sie zeugen könnte.«

WILLLIAM SHAKESPEARE

Zweifelsohne ist Lob die deutlichste Form der Wertschätzung. Zumindest auf den ersten Blick scheint es so, dass wir Wertschätzung durch nichts anderes klarer zum Ausdruck bringen und besser verstehen können als durch aktives, erkenntliches Loben. Ebenso wenig ist das unter uns Menschen universell verbreitete Bedürfnis nach Lob infrage zu stellen. Wir alle wollen gelobt werden, und jeder ist für Lob sehr empfänglich. Denn hinter der Sehnsucht nach Lob steht das menschliche Dauerverlangen nach Zuwendung, positiver Bestärkung und Liebe. Paradoxerweise tun sich die meisten dieser lobesbedürftigen Wesen aber schwer, selbst Lob zu »spenden« – also den Mitmenschen etwas von dem zukommen zu lassen, was für sie selbst so wichtig ist. Dabei gibt es kaum eine bessere Möglichkeit, andere zu motivieren und zu beflügeln, als authentisches Lob – was nicht zuletzt für Kinder und Heranwachsende sehr wichtig ist. Dieser bedeutende Motivator steht zudem jedem zu jeder Zeit zur Verfügung, erfordert keinen Aufwand und verursacht keine Kosten. Warum also nicht öfter loben?

Der richtige Umgang mit Lob scheitert oft, wie bereits gesagt, an einer psychologischen Barriere, nämlich der Unfähigkeit vieler Lobesbedürftiger, selbst Lob zu verteilen. Womit hat diese innere Blockade wohl zu tun? Zentrieren wir diese positiven Gefühlszuwendungen allzu sehr auf die eigene Person, sodass für die Mitmenschen nichts mehr übrig bleibt? Ist es peinlich, anderen Lob zu schenken, wenn man sich selbst heimlich danach sehnt? Oder wird die Kraft des Lobens einfach unterschätzt? Wahrscheinlich spielen alle genannten Faktoren eine Rolle. Ihnen können die folgenden Ausführungen über die Psychologie des Lobens ein Stück weit entgegenwirken.

Was echtes Lob bewirken kann

Lob ist eine Unterform der Anerkennung, es ist aber konkreter, direkter und leichter erfassbar. Loben bezieht sich vornehmlich auf die Leistungs- beziehungsweise Handlungsebene und ist in der Regel zeitlich begrenzt. Anerkennung ist in beiden Punkten allgemeiner, und Wertschätzung umfasst den Menschen in seiner Gesamtheit, mit all seinen Eigenschaften, unabhängig vom konkreten Verhalten. Allerdings soll und kann Wertschätzung nicht auf Lob verzichten, da sie für den Empfänger durch nichts anderes so spürbar wird. Entscheidend sind dabei die richtige Art des Lobens und das Ausschalten unerwünschter Nebeneffekte, welche von den Adressaten intuitiv erfasst werden und das Lob weitgehend entkräften können (siehe Seite 162 bis 165).

Die Wirkung echten Lobes können wir alle im mitmenschlichen Umgang beobachten und haben sie – hoffentlich – schon selbst oft erlebt. Lob motiviert, ruft Zufriedenheit und Stolz hervor und stärkt das Selbstvertrauen. Hat doch Johann Wolfgang von Goethe (1749–1832) schon gemeint:

»Waget laut und klar zu nennen
sein Bemühen, seine Tugend;
denn ein herzlich Anerkennen
ist des Alters zweite Jugend.«

Diese Worte widmete der Dichter seinem Freund Carl Friedrich Zelter (1758–1832) zum 70. Geburtstag und meint mit »Jugend« die positive Wirkung von Lob und Anerkennung.

Positiver Effekt auf Kinder

Wie sehr das Lob dem Tadel in der Erziehung überlegen ist, ergibt sich aus der allgemeinen Lebenserfahrung sowie der aufmerksamen Beobachtung der menschlichen Kommunikation, konnte aber auch wissenschaftlich belegt werden. In einer Studie der Gesundheitswissenschaftlerin Sue Westwood von der De Montfort University in Leicester/UK wurde der Effekt regelmäßigen Elternlobs auf das psychische Wohlbefinden des Kindes nachgewiesen. 38 Eltern von Kindern im Alter zwischen zwei und vier Jahren dokumentierten über vier Wochen, wie häufig sie ihr Kind verbal lobten und beschrieben das zu beobachtende Verhalten und Befinden. Wurde gutes Verhalten mindestens fünfmal am Tag positiv kommentiert, fühlten sich die Kinder im Vergleich zu jenen, die keine solche Zuwendung erhielten, deutlich besser, waren achtsamer und weniger hyperaktiv.

Durch Lob wird außerdem jegliche Bindung zwischen Lobenden und Gelobten gefestigt, während ein Mangel davon zu Langeweile und Frustration in Beziehungen führt. In der Partnerschaft bewahrt Lob den gegenseitigen Respekt, die Lebendigkeit – und die Wertschätzung. In der Berufswelt, in welcher von der motivierenden Kraft der Anerkennung ohnehin zu wenig Gebrauch gemacht wird, unterliegen viele Vorgesetzte, denen kaum ein Lob über die Lippen kommt, einem negativen »Pygmalion-Effekt«: Wenn Arbeitsmotivation und Leistungen ignoriert und nicht gelobt werden, verlieren die Mitarbeiter ihre Freude an der Arbeit, wodurch sich die Vorgesetzten in ihrem negativen Vorurteil und ihrem sparsamen Umgang mit Lob bestätigt sehen. Umgekehrt verstärkt positive Voreingenommenheit, die durch Lob zum Ausdruck gebracht wird, loyales Verhalten und Einsatzbereitschaft. Dieser Effekt ist nach einer Figur der griechischen Mythologie benannt. Der Künstler Pygmalion verliebte sich in eine von ihm geschaffene Frauenskulptur. Seine Liebkosungen erweckten sie schließlich zum Leben. So wurde mithilfe der Götter sein innigster Wunsch erfüllt.

Mit nichts anderem lassen sich Eigenwert und Selbstbewusstsein besser fördern als durch authentisches Lob. In Beratung, Pädagogik und Therapie wäre lobende Anerkennung den meisten anderen Methoden weit überlegen. Nichts ist bei Angehörigen, Freunden, Mitarbeitern oder Geschäftspartnern – kurzum bei allen Bezugspersonen – mehr gefragt als Lob. Der Mensch ist nun einmal ein liebes- und damit ein lobesbedürftiges Wesen. Und Lob lässt sich mit »emotionaler Muttermilch« vergleichen, nach der man durch das ganze Leben dürstet. Trotzdem wird es so spärlich, so selten und so minimalistisch eingesetzt. Christians Vater in der folgenden Geschichte ist ein sprechendes Beispiel dafür.

Spät, aber doch

Ein Leben lang hatte Christian auf diesen Augenblick gewartet. Der Wirtschaftsmanager, extrem erfolgreich und höchst anerkannt, vielfacher Millionär und mit zahlreichen Auszeichnungen bedacht, Aufsichtsrat mehrerer Konzerne und Honorarprofessor an drei Universitäten, feierte am 65. Geburtstag seinen Ruhestand mit einem großen Fest. Beim Galadinner, irgendwann zwischen zwei Dank- und Lobesreden, erhob sich ein greiser Herr, Christians 97-jähriger Vater. Alle verstummten, als dieser würdevoll, mit schwach gewordener Stimme zu einer Rede ansetzte. Er sagte nur sieben Worte: »Mein Sohn, ich bin stolz auf dich!«, und hob sein Glas.

Das bedeutete für Christian die höchste Auszeichnung, die tiefste Befriedigung, den schönsten Lohn für seine Leistungen. Seit seiner

Kindheit hatte er um diese Worte gekämpft. Nie war er vom Vater gelobt worden, stets hatte er unter dem Gefühl gelitten, dessen Ansprüchen nicht zu genügen und seine Erwartungen nicht zu erfüllen. Vielleicht, so überlegte Christian, resultiere sein Ehrgeiz aus dem Wunsch, vom Vater einmal anerkannt zu werden. Vielleicht sei die glänzende Karriere nur der Versuch gewesen, dem Vater zu gefallen und einmal ein richtiges Lob von ihm zu erhalten. Jetzt, beim Abschied, habe er dieses Ziel endlich erreicht.

Wie stark die motivations- und leistungsfördernde Kraft des Lobens ist, wurde in mehreren wissenschaftlichen Untersuchungen nachgewiesen. Durch eine Befragung junger Forscher, durchgeführt an der Technischen Universität München,[13] fand man heraus, dass Anerkennung und Lob im kollegialen Kreis wesentlich motivierender wirken als Bonuszahlungen und Leistungsprämien. Allerdings – es muss sich um echtes, wahrhaftiges Lob, nicht um Heuchelei oder Lobhudelei handeln. Dann gehört Lob tatsächlich zu den wichtigsten psychologischen Verstärkern und Motivationsfaktoren.

Ein auf den ersten Blick verblüffendes Ergebnis erbrachte eine 2016 durchgeführte deutsch-niederländische Untersuchung[14] zur Frage, ob denn Lob zu einer Leistungsverbesserung führe. Bei über 300 Studenten wurden die besten Prüflinge vor den Mitstudenten völlig unerwartet gelobt, während die besten einer Vergleichsgruppe kein Lob erhielten. Erstaunlicherweise schnitten bei den folgenden Klausuren die gelobten Studenten nicht besser ab als die aus der nicht gelobten Kontrollgruppe, sondern jene mit den zweitbesten Leistungen, und zwar in beiden Gruppen. Durch das Lob wurde, so die Interpretation, eine Norm gesetzt, durch die sich die Besten bestätigt sahen und damit offensichtlich zufrieden waren. Hingegen fühlten sich die weniger Leistungsfähigen wohl angestachelt. Lob kann also zwei Effekte haben: Es stärkt den Gelobten und fördert sein Selbstvertrauen. Gleichzeitig kann es die nicht Gelobten enorm motivieren, sich mehr anzustrengen. Das Ergebnis bestätigt ein weiteres Mal die enge Verbindung zwischen Lob und Leistung – wenngleich auf eine nicht ganz erwartete Weise.

Lob soll von Herzen kommen

Noch schwieriger, als sich überhaupt lobend zu äußern, ist es, Lob in glaubhafter und wirksamer Form zu spenden. Tatsächlich ist richtiges Loben gar nicht so einfach, weil neben den positiven Effekten des Lobes auch seine unechten, inflationären, erpresserischen und kontraproduktiven Seiten zu beachten sind. Wohl deshalb herrscht gegenüber Lob ein gewisses Misstrauen, wie sich in vielen Volksweisheiten, aber auch in einer alten Tragödie des Euripides (circa 480–406 v. Chr.) zeigt. »Zu vieles Loben, weiß ich wohl, macht dem, der edel denkt, den Lober nur zuwider« heißt es dort. Noch drastischer drückt es ein Spruch unbekannter Autorenschaft aus: »Wer mich ständig lobt, ist entweder ein Narr, der mich verachtet, oder ein Schurke, der mich betrügen will.«

Um echt wirkendes Lob hervorzubringen, gilt es, zunächst den eigenen inneren Widerstand zu überwinden und jemand anderem jenes Lob, von dem man selbst nicht genug bekommen kann, zu spenden. Dann heißt es, das Lob so zu gestalten, dass es vom Empfänger als authentisch und individuell erlebt und tatsächlich als wohlmeinende Anerkennung und Wertschätzung empfunden wird. Richtiges Lob soll nicht übertrieben und nicht schematisiert, sondern originell und individuell sein. Es soll von Herzen kommen und so gemeint sein, wie es ausgedrückt wird. Dann ist es wertschätzend und wird als wertschätzend empfunden. Was »von Herzen« meint, kann folgende Geschichte besser zeigen als jede graue Theorie

Gut gespürt

Zoé wies das idealtypische Profil einer Persönlichkeit auf, die man entwertend als »Erbtante« bezeichnet: sehr reich, alleinstehend, ohne Kinder und schon sehr alt. Als sie verstarb, vermachte sie einen großen Teil ihres Vermögens einer unscheinbaren Frau aus der Nachbarschaft. Diese habe ihr, so begründete Zoé ihren Schritt im Testament, nie große Geschenke gemacht, wie viele ihrer Verwandten, habe ihr bei Geburtstagen keine teuren Blumensträuße und keine Torten über Zustelldienste zukommen lassen wie die anderen. Oft aber habe sie Zoé Feldblumen gebracht, selbst gepflückt und selbst arrangiert.

Die einfache Frau hat nicht nur gegeben, was sie konnte, sondern auch gespürt, was die alte Dame wirklich mochte. Diese Geschenke kamen von Herzen.

In Pädagogik und Erziehung ist es sehr wichtig, das Lob mehr auf die Anstrengung und den Fleiß als auf die eigentliche Leistung zu richten. So können Kinder lernen, dass Versagen keine Katastrophe ist, sondern Erfahrung und Weiterentwicklung fördern kann. Die amerikanische Psychologin Carol Dweck[15] von der Stanford-Universität, welche den Einfluss von Lob auf Schüler und Schülerinnen schon seit Langem untersucht, wies diesen Effekt in einem bemerkenswerten Experiment nach: Sie gab einer Gruppe von Kindern, welche einen Geschicklichkeitstest gut absolviert hatten, eine auf die Intelligenz abzielende Rückmeldung, nämlich: »Du bist wirklich schlau.« Den Kindern der anderen Gruppe wurde, ihr Bemühen und ihre Stärke ansprechend, gesagt: »Du hast dich wirklich angestrengt!« Anschließend konnten die Jungen und Mädchen zwischen einem leichteren und einem schwierigeren Test wählen. Von den für ihre Intelligenz gelobten Kindern beschränkten sich die meisten auf den leichteren Test, während von den für ihr Bemühen anerkannten Schülern 90 Prozent die schwierigere Aufgabe lösen wollten!

Auch beim Versuch, einen viel zu schweren Test zu knacken, zeigten sich deutliche Unterschiede. Die Kinder, welche zuvor wegen ihrer Willensstärke und ihres Bemühens gelobt worden waren, strengten sich viel mehr an und testeten verschiedene Lösungsmöglichkeiten. Die Kinder mit besonderer Anerkennung ihrer Intelligenz hingegen fingen an, an sich zu zweifeln, und gaben frustriert auf.

Wird nur die Intelligenz gepriesen, werden den Kindern viele ihrer eigenen Möglichkeiten gar nicht richtig bewusst und bleiben brachliegen. Durch Angst vor Fehlern verlieren sie ihre Zuversicht und meiden fortan immer häufiger alle schwierig scheinenden Aufgaben. Da sie nie gelernt haben, Frustrationen zu ertragen und bei Niederlagen wieder aufzustehen, scheitern sie oft bei den ersten Misserfolgen. Hingegen vermittelt die Anerkennung des Fleißes ein Gefühl der Kontrolle. Man nennt dies den »Effort-Effekt«, benannt nach dem englischen Wort für Anstrengung und Fleiß: Wenn bei Kindern ihr Bemühen und die Anstrengungen gelobt werden, bekommen sie Kontrolle über das eigene Handeln. Wird hingegen nur die Intelligenz herausgehoben, nimmt man den Kindern diese Kontrollmöglichkeit, sodass ihr Selbstbild beim ersten Misserfolg zusammenfällt.

Nicht das positive Feedback für Können und Intelligenz ist entscheidend, sondern das Lob für Anstrengung und Fleiß.

Ähnliches besagt das sogenannte Meyer-Paradigma, nach welchem Loben unter bestimmten Umständen sogar eine paradoxe Wirkung entfalten kann. Wenn Schüler für die Bewältigung leichter Aufgaben allzu sehr gelobt werden, so hat es der deutsche Psychologe Wulf-Uwe Meyer schon in den 1970er-Jahren nachgewiesen, komme in ihnen das Gefühl auf, für behindert oder dumm zu gelten.

Vorsicht vor zu viel und falschem Lob

Das so kostbare Gut des Lobens kann völlig entwertet werden, wenn Lob manipulativ eingesetzt und als »Benotung« missbraucht wird, wenn es unpersönlich ist oder hierarchisch einseitig ausgerichtet (etwa wenn in einem Team immer nur dieselbe Person gelobt wird). Manchmal wirkt Lob gönnerhaft, »von oben herab«, nicht selten auch indirekt diffamierend und diskriminierend, ja manchmal sogar erpresserisch.

Eine besondere Gefahr liegt in der Vermischung von Lob mit Kritik. Dies geschieht oft unbewusst, weil uns häufig nicht ganz klar ist, was wir eigentlich tun, wenn wir sprechen. Teilweise wird solch kritisierendes Loben aber auch aus Berechnung geäußert. Wenn zum Beispiel eine Belobigung mit »Sehr gut, aber …« beginnt oder der einleitende Satz lautet: »Das Positive zuerst …«, wird die so »gelobte« Person sofort vermuten, dass das eigentliche Motiv des Absenders in der Kritik liegt und das Lob nur als Vehikel dient, einen Tadel besser anbringen zu können und für den Empfänger scheinbar erträglicher zu machen. Des Öfteren aber schlägt bei dieser recht beliebten »Sandwich-Methode« (die Kritik wird zwischen zwei positive Feedbacks gepackt) der gewünschte Erfolg des Lobes ins Gegenteil um, denn das Lob wird als emotionales Druckmittel und eine subtile Form der Erpressung empfunden.

Krank gelobt

»Sie haben mich krank gelobt … ich kann nicht mehr – es ist der Druck, unaufhörlich … immer stärker … ich bin krank geworden, richtig krank«, presste ein mit der Diagnose »Nervenzusammenbruch« auf die Notfallstation eingelieferter Mann heraus. Anton war nach einer Besprechung an seinem Arbeitsplatz kollabiert, klagte über Druck auf der Brust und Atemnot, man befürchtete einen Herzinfarkt. Die körperliche Durchuntersuchung erbrachte

mit Ausnahme von Herzrhythmusstörungen, einem leicht erhöhten Blutdruck und etwas zu hohen Fettwerten keinen abnormen Befund. Vom hinzugerufenen Psychiater wurde ein depressiver Erschöpfungszustand, ein klassisches Burn-out-Syndrom festgestellt.

Anton war beruflich hochkompetent, galt als strebsam und verlässlich, war in seinem Betrieb anerkannt und bei allen beliebt. Er habe alle Bitten erfüllt, jeden zusätzlichen Auftrag übernommen und verlässlich erledigt, habe nie »Nein« sagen können, berichtete er. Das sei ihm alles zu viel geworden. Immer stärker habe er das Gefühl gehabt, seine gutmütige Seite werde gezielt ausgenutzt. Sowohl am Arbeitsplatz als auch im Privatleben hätten alle gewusst, wie man ihn nehmen müsse, nämlich mit Worten wie »Niemand kann das so wie Du!«, »Bei sonst keinem hätten wir ein so gutes Gefühl«, »Keinen anderen würden wir darum bitten«, »Du bist unsere einzige Chance«.

Mehr und mehr hatte Anton den manipulativen Charakter der scheinbar so positiven Zuwendung erkannt, was bei ihm Resignation auslöste und ein Ausbrennen seiner hohen Motivation zur Folge hatte. So wurde er in eine Burn-out-Klinik überstellt. Als er dort in den psychologischen Gesprächen gefragt wurde, was er sich von der Therapie erwarte und worin er den Sinn der Behandlung sehe, gab er eine äußerst bemerkenswerte Antwort: »Nachdem ich bereits krank gelobt worden bin, möchte ich es schaffen, mich nicht zu Tode loben zu lassen.«

Kinderpsychologen warnen vor der Gefahr, durch zu viel Lob eine narzisstische Persönlichkeitsstörung zu fördern oder die Entwicklung einer starken Abhängigkeit von lobendem Zuspruch zu begünstigen. Wenn ein Kind für alles und jedes – für sämtliche natürlichen Entwicklungsschritte, für selbstverständliche Leistungen und normales Verhalten – überschwänglich gelobt wird, verliert das so gut gemeinte Lob an Wert und bekommt den Charakter einer inflationär eingesetzten Droge. Und wie jedes Rauschmittel kann das Lob dann keine echte psychische Stärke, sondern nur vordergründige, gleichsam rauschartige Gefühlszustände der Überlegenheit und Grandiosität vermitteln. Ein so mit Lob überhäuftes Kind wird wie ein Süchtiger auf immer mehr lobende Worte, auf Anerkennung und Bewunderung angewiesen sein. Frequenz und Dosis des Lobes müssen gesteigert werden, andernfalls drohen Entzugserscheinungen mit Selbstwertkrisen, Versagensängsten und innerer Leere. Dies wiederum führt zu einer narzisstischen Haltung, welche die ganze Persönlichkeit prägen kann.

Kinderpsychologen von den Universitäten Amsterdam und Utrecht warnen sogar, mit unecht übertriebenem Lob den Selbstwert der Kinder nachgerade zu unterminieren.[16] In ihrem Experiment fanden sie Hinweise, dass sich Kinder mit niedrigem Selbstwertgefühl bei adäquater Rückmeldung etwas Schwieriges zutrauen, während sie bei überschwänglichem Lob auch das letzte Selbstvertrauen verlieren. Erhält ein Kind hingegen überhaupt keine Anerkennung oder viel zu wenig an positiver Zuwendung, wird es ein Leben lang nach dieser emotionalen Nahrung gieren, das heißt ebenfalls in geradezu süchtiger Weise auf Lob angewiesen sein. Zu viel und zu wenig des Guten haben also dieselbe Wirkung.

Sowohl zu wenig als auch zu viel Lob erhöht die Gefahr narzisstisch, also krankhaft eigensüchtig zu werden. Entscheidend sind also Echtheit und die richtige Dosierung des Lobens.

Nicht nur fällt vielen Menschen das Loben schwer, manche tun sich auch schwer, Lob anzunehmen. Dahinter können Ängste vor vergiftetem, nicht wahrhaftigem Lob, falsche Bescheidenheit oder ein Hang zur Selbstablehnung stecken. In erster Linie zeigen sich hier aber die Probleme vieler Menschen im Umgang mit Emotionen und die Tabuisierung der Bedürfnisse nach positiver Zuwendung. Vielen scheint es geradezu peinlich, sich zu ihrem Verlangen nach Anerkennung und Wertschätzung zu bekennen. Man ist doch nicht auf das Wohlwollen und die Gnade anderer Leute angewiesen. Von dem Philosophen und Künstler Rabindranath Tagore (1861–1941), dem ersten asiatischen Nobelpreisträger, stammt der Spruch: »Dein Lob beschämt mich, denn heimlich habe ich lange darum gebettelt.« Vielleicht steckt dahinter das unbestimmte Gefühl, doch nicht so selbstsicher zu sein, wie man sich und anderen vormacht. Vielleicht ist abgewehrtes Lob ein inständiges Bitten um Wiederholung, ein Schrei nach noch mehr Zuwendung, ganz nach dem Motto: »Wer ein Lob zurückweist, will nochmals gelobt werden.«

Dankbarkeit macht glücklich

Dankbarkeit ist eine besondere, aktive Form der Wertschätzung. Als eine Einstellung, in der eine empfangene Wohltat ganz bewusst anerkannt wird, ist sie Haltung, Bedürfnis und Befriedigung zugleich. In der klassischen wissenschaftlichen Definition wird auf die enge Verknüpfung mit der Wertschätzung verwiesen, denn Dankbarkeit wird als Teil einer übergeordneten Lebensorientierung angesehen, welche auf die Anerkennung und Wertschätzung von allem Positiven in unserer Welt gerichtet ist. Dankbarkeit, in der Soziologie als moralisches Gedächtnis der Menschheit und universell gültige Tugend bezeichnet, gilt als einer der wichtigsten Grundbausteine der menschlichen Gesellschaft. Sie fördert die positiven Beziehungen zwischen den Menschen, indem sie den Empfänger der Dankbarkeit anregt, die gute Tat zu erwidern.

Die positive Bewertung der Dankbarkeit zeigt sich besonders im zentralen Stellenwert, den sie in allen Religionen einnimmt. Im Judentum zählt sie zu den wichtigsten Begriffen der Heiligen Schrift, ist Hauptinhalt vieler Gebete und wesentlicher Bestandteil des Gottesdienstes. Berühmt sind die Dankbarkeitspsalmen, in denen zwar die Dankbarkeit gegenüber

Gott im Mittelpunkt steht, aber auch auf jene für menschliche Güte und Freundlichkeit hingewiesen wird. In der christlichen Religion gilt Dankbarkeit als eine der höchsten Tugenden und bildet nach der Liebe den tiefsten Ausdruck wahrer Religiosität. Martin Luther (1483–1546) hält sie für die wesentliche christliche Haltung schlechthin, und moderne Theologen bezeichnen sie als das Herz des Evangeliums. Auch der Koran ist von der Idee der Dankbarkeit gegenüber Gott durchdrungen. Der Prophet weist auf den selbst- und fremdstärkenden Effekt der Dankbarkeit hin, wenn er sagt: »Dankbarkeit für die Fülle, die ihr erhalten habt, ist die beste Garantie dafür, dass diese Fülle nicht aufhört.«

Der große römische Staatsmann und Redner Marcus Tullius Cicero (106–43 v. Chr.) hielt keine Schuld für dringender als jene, Dank zu sagen, und bewertete Dankbarkeit als »nicht nur die größte aller Tugenden, sondern auch die Mutter von allen«. Allerdings stellt er an anderer Stelle verbittert und von den Menschen ganz offensichtlich enttäuscht fest: »Willst du Dankbarkeit, so kauf dir einen Hund« – worauf wohl der sich später etablierende, ziemlich resignative Ausspruch gründet: »Seit ich die Menschen kenne, liebe ich die Hunde.«

Auch in der Philosophie wurde viel über Dankbarkeit nachgedacht, schon im Jahr 1790 beschrieb der schottische Wirtschaftsphilosoph Adam Smith (1723–1790) die drei psychologischen Grundfaktoren der Dankbarkeit: die wahrgenommene Absicht des Wohltäters, dessen Gefühle gegenüber dem Empfänger und den Erfolg der Handlung, welche mit Dankbarkeit erwidert wird. Wird hier nicht aufgezeigt, was eine wertschätzende Haltung beinhalten müsste?

Im Gegensatz zu dem viel weiteren Begriff der Wertschätzung lässt sich Dankbarkeit mit wissenschaftlichen Methoden erforschen.

Unterschieden wird in der Wissenschaft zwischen:

- persönlichkeitsbedingter Dankbarkeit, welche sich über unterschiedlichste Lebensumstände und Situationen hinweg in permanenter und intensiver Form auf eine Person oder eine höhere Macht bezieht, und dem häufigeren
- Dankbarkeitsgefühl, das einer eher momentanen Gemütsbewegung entspricht, die dann auftritt, wenn jemand konkrete Hilfe erfahren hat.

Mit verschiedenen Messmethoden konnte nachgewiesen werden, dass dankbare Menschen zufriedener mit ihrem Leben und ihren sozialen Beziehungen sind als andere, dass sie besser mit Stress umgehen können und weniger unter Depressionen leiden, besonders in Umbruchphasen, ja dass sie insgesamt ein besseres Selbstwertgefühl sowie einen tieferen Lebenssinn haben und letztlich glücklicher sind.

Viele Forscher kommen zu dem Schluss, dass Dankbarkeit von allen persönlichen Eigenschaften am engsten mit psychischer Gesundheit verbunden ist.

Diese Kenntnisse fanden auch Eingang in die Pädagogik. Die Familientherapeutin Wendy Mogel[17] stellte bei vielen der psychisch auffälligen Kinder neben erhöhter Gier nach immer neuen und sensationellen Eindrücken die fehlende Dankbarkeit als Hauptstörung fest. Für die Erziehung empfiehlt sie eine Kultur des Sich-Bedankens. Dadurch wird die kindliche Aufmerksamkeit wieder auf alltägliche, gewohnte Zuwendungen gerichtet. Kinder erleben jedes einfache, triviale Vergnügen dann als große Freude. Dies fördert Achtsamkeit, Selbstbewusstsein und Gefühlserleben.

Alles, was im Zusammenhang mit Lob und Dank wichtig ist, sei im Folgenden noch einmal übersichtlich zusammengefasst. So fällt es Ihnen leichter, die wertschätzenden Aspekte in Ihren Alltag zu übertragen.

Impuls

- Lob auszusprechen und anzunehmen fällt vielen Menschen schwer. Stehen Sie zu dem urmenschlichen Bedürfnis nach dieser Form der Anerkennung und spenden Sie großzügig.

- Formulieren Sie Lob immer mit ganz eigenen Worten, nie als schematische Floskel, und richten Sie es ganz individuell auf die jeweiligen Empfänger aus.

- Loben Sie weniger das Ergebnis als die Anstrengung und die Konzentration, die aufgebracht wird. Damit unterstützen Sie besonders Kinder darin, sich kreativ und motiviert an Aufgaben heranzuwagen und Scheitern nicht als Katastrophe zu erleben.

- Loben Sie nicht ständig selbstverständliche Dinge. Lob wird sonst inflationär, also entwertet, und fördert Egozentrik und Eigensucht sowie die Abhängigkeit von Lob.

- Achten Sie darauf, dass Sie sich für Hilfe und Gefälligkeiten nicht unbedingt mit teuren Gegenleistungen, sondern von Herzen bedanken.

- Schauen Sie auf das Gute und Schöne in Ihrem Leben. So entwickeln Sie eine dankbare innere Haltung ganz nach dem Motto des Politikers und Philosophen Francis Bacon (1561–1626): »Nicht die Glücklichen sind dankbar, es sind die Dankbaren, die glücklich sind.«

Wertschätzung für Liebes- und Lebenspartner

»Nicht der Mangel an Liebe, sondern der Mangel an Freundschaft macht die unglücklichsten Ehen.«

FRIEDRICH NIETZSCHE

Krisen in der Partnerschaft beginnen mit dem Ende der Wertschätzung. Wenn dieser Grundpfeiler jeder guten zwischenmenschlichen Beziehung verloren geht, entsteht die große Gefahr eines nicht mehr gutzumachenden Schadens. Verliebtheit ist zeitlich limitiert und geht vorbei, Liebe lässt sich nicht erzwingen, ein wertschätzender Umgang kann und soll jedoch immer erhalten bleiben. Ansonsten gibt es wenig Chance für eine stabile, krisenresistente Beziehung (oder, wenn nötig, eine einvernehmliche Trennung). Wertschätzung ist die Basis der Freundschaft, die nötigenfalls die Liebe – gleichsam als Brücke über alle Phasen von glücklichen und schwierigen Zeiten hinweg – überdauern kann.

Zum Verlust der Wertschätzung kommt es, wenn beim anfangs idealisierten Partner weniger vorzügliche Eigenschaften zutage treten, wenn man ihn in seiner Ganzheit kennenlernt. Am Anfang verleiht der Entschluss zu einem gemeinsamen Lebensweg Sicherheit, allmählich macht sich dann oft das Gefühl breit, sich um die Gunst des anderen nicht mehr bemühen zu müssen. Schleichend verzichten die Partner auf die vielen Kleinigkeiten, welche Wertschätzung ausmachen – ein Gutenachtkuss, ein Dankeschön, ein warmer Händedruck… Wenn allerdings Verlässlichkeit dem Gewöhnungseffekt unterliegt und tägliche Leistungen zur nicht mehr geschätzten Selbstverständlichkeit verkommen, geht der gegenseitige Respekt verloren. Aber »ohne Achtung gibt es keine Liebe«, hat schon Immanuel Kant (1724–1804) gesagt. Aufmerksamkeit, Achtung und Zuwendung »passieren« eben nicht einfach – wir müssen sie hüten und pflegen.

Alles »normal«?

Willfried, ein 44-jähriger Handwerksmeister, wurde unter der Diagnose »hysterischer Anfall« in das psychiatrische Krankenhaus eingeliefert. Er war in einem aus heiterem Himmel auftretenden Schreianfall über seine Frau hergefallen, trommelte mit den Fäusten auf sie ein, rannte in seine Werkstatt und fügte sich mit einem Stemmeisen tiefe Wunden am Hals zu. Im Vorfeld dieser dramatischen Ereignisse gab es nichts Besonderes – keine Aufregung, keinen Streit. Willfried war nicht alkoholisiert, galt als psychisch stabil, keinesfalls als impulsiv oder aggressiv.

Seine Frau habe, so sagte Willfried im Gespräch mit mir, nie mehr ein gutes Wort gesagt, nie gefragt, wie er sich fühle, ob ihn Sorgen plagen oder welche Pläne er habe: »Die selbstverständlichen kleinen Dinge des Lebens gab es nicht mehr.« Vergeblich hatte Willfried auf Zuwendung und Interesse, auf ein Lächeln oder eine Aufmunterung gehofft. Immer sehnsuchtsvoller wartete er auf emotionale Reaktionen, vergebens: »Es gab nie Streit, aber immer Kälte!« Auch Versuche, mit seiner Frau über das Problem zu sprechen, waren gescheitert, und mit niemandem konnte er über seinen Frust reden. Die Frau habe nur gemeint, es sei eh alles »normal«.

Diese Situation machte Willfried wütend und ohnmächtig, Alle Zuversicht und Lebensfreude schwanden aus seinem Leben. Alles hat mit der Zeit seinen Sinn verloren, nichts mehr hat noch irgendeinen Wert gehabt.

In jeder zwischenmenschlichen Beziehung gibt es nicht nur die Auseinandersetzung mit der Wertschätzung, sondern auch ein ständiges Ringen um Wertschätzung. Wer liebt mehr, und wer wird zu wenig geliebt? Sind die Emotionen des einen tiefer, oder bekommt der andere nicht genug davon? Welcher Teil verhält sich rücksichtsvoller, und welcher hat das größere Ego? Wer flüchtet sich in destruktives Schweigen, und wer ist in der Lage, die stumme Eiszeit zu durchbrechen? Wer hat für den anderen größeren Wert, und wessen Leistungen werden zu wenig geschätzt? Das alles sind Fragen, die uns – mehr oder weniger bewusst – in Partnerschaften umtreiben.

Den apokalyptischen Reitern entgegentreten

Die elementare Bedeutung der Wertschätzung wurde in mehreren wissenschaftlichen Konzeptionen zur Partnerschaft dargestellt. In der wichtigsten Arbeit dieser Art beschreibt der bekannte Beziehungsforscher John Gottman vier wesentliche Faktoren, durch welche Beziehungen zerstört werden. In Anlehnung an ein aus der Offenbarung des Johannes (Kapitel 6) stammendes Bild über die Ankündigung des Weltuntergangs nennt er sie die »vier apokalyptischen Reiter«, welche ganz wesentlich das Wertschätzungsthema betreffen:

1. **Kritik:** Gemeint ist destruktive Kritik, welche Verallgemeinerungen, Schuldzuweisungen und persönliche Untergriffe enthält. Sie endet fast immer in einer generellen Verurteilung und Ablehnung des Partners oder der Partnerin. Statt Probleme in dieser Form anzusprechen, schlägt Gottman vor, das Ganze eher beschreibend als schuldzuweisend anzupacken. Die Beschwerden sollten sich auf konkrete Vorfälle beziehen und mehr die eigenen Gefühle als den Charakter des Partners ansprechen, sodass dieser nicht in eine Verteidigungsposition gezwungen wird.

2. **Geringschätzung und Verachtung:** Das Gegenteil der Wertschätzung wird durch Sarkasmus, Zynismus, Verhöhnung und Respektlosigkeit ausgedrückt. Verachtung, die Gottman für den gefährlichsten der vier Apokalyptiker hält, ist die Folge von destruktiver Kritik und ungelösten Konflikten. Verachtung zielt auf die Verletzung des Partners oder der Partnerin und verhindert jeden problemlösenden Umgang miteinander.
3. **Rechtfertigung:** Diese Reaktion auf Kritik und Verachtung impliziert meist gleichzeitig eine Beschuldigung des anderen. Und dies wiederum führt eher in die Eskalation als zur Lösung des Konflikts, weil die – fast immer vorhandenen – eigenen Anteile daran verleugnet werden.
4. **Mauern:** Der letzte der vier apokalyptischen Reiter – laut Gottman bei Männern viel dominanter als bei Frauen – ist mit Schweigen und Rückzug verbunden. Verbales und emotionales Mauern verhindert jeglichen Austausch und bedeutet das Ende der Kommunikation. Oft ist es dann auch Ausdruck von Verachtung.

Später wurde von andern Psychologen und Therapeuten ein fünfter Reiter eingeführt: die Demonstration von Macht, die aber mehr oder weniger bei allen anderen angesiedelt ist.

Gottman hat aufgrund dieser Erkenntnisse statistische Berechnungen angestellt: Wenn alle vier destruktiven Verhaltensweisen in einer Partnerschaftsbeziehung auftreten, liege die Wahrscheinlichkeit für eine Trennung bei 82 Prozent. In seinem Versuch, die Gewichtigkeit von positiven und negativen Interaktionen zu messen, hat er die sogenannte Gottman-Konstante berechnet, welche besagt, dass eine Partnerschaft dann stabil und zufriedenstellend funktioniere, wenn das Verhältnis von wertschätzendem zu destruktivem Verhalten mindestens 5 : 1 beträgt. Es geht also nicht darum, Auseinandersetzungen und Streit zu vermeiden, sondern jede negative Verhaltensweise durch fünf positive zu kompensieren. Aufgrund seiner Beobachtungen und Forschungen gibt Gottman sieben Grundregeln an, die eine Ehe glücklich machen können.

1. Bringen Sie Ihre Partnerlandkarte auf den neuesten Stand, das heißt Partner oder Partnerin nicht nur gut zu kennen, sondern auch Veränderungen wahrzunehmen. So bleiben Sie füreinander interessant.
2. Pflegen Sie Zuneigung und Bewunderung füreinander, denn nur wenn Sie einander Ihre positiven Gefühle zeigen, bleiben diese als tragendes Element der Beziehung erhalten.
3. Wenden Sie sich einander zu und nicht voneinander ab, das heißt, bleiben Sie in emotionalem Kontakt – auch im (manchmal anstrengenden) Alltag.
4. Lassen Sie sich von Ihrem Partner beeinflussen oder, anders ausgedrückt: Seien Sie kompromissbereit und machen Sie Zugeständnisse – nicht nur Ihre Meinung zählt.
5. Lösen Sie Ihre lösbaren Probleme und vermeiden Sie dabei die apokalyptischen Reiter; tolerieren Sie auch Fehler des/der anderen – es gibt einfach auch unlösbare Probleme.
6. Überwinden Sie Pattsituationen, das heißt, respektieren Sie grundlegende Persönlichkeitsunterschiede und überlegen Sie gemeinsam, wie sie wiederkehrende daraus sich ergebende Konflikte vermeiden oder angehen wollen.
7. Schaffen Sie einen gemeinsamen Sinn: Teilen Sie Träume miteinander und verwirklichen Sie gemeinsame Ziele.

Grundlage jeder Partnerschaft ist jedoch laut Gottman die Freundschaft. Er bezeichnet sie als »Herz jeder Ehe«. Denn durch Freundschaft lässt sich Wertschätzung auch in schwierigen Zeiten wahren. Deren Bedeutung wird besonders in der zweiten Regel betont, wobei der Hinweis wichtig ist, dass Wertschätzung nicht nur gegeben, sondern auch gefordert werden muss.

Die Minenfelder der Liebe umgehen

Als Hauptproblem partnerschaftlicher Konflikte wird heute immer häufiger narzisstisches Verhalten des anderen genannt. Dies ist nicht nur auf die Popularität des Narzissmusbegriffes und die heute recht selektive Wahrnehmung narzisstischen Verhaltens zurückzuführen, sondern auch auf dessen tatsächliche Zunahme im egozentrischen Zeitalter.

In Partnerschaftsbeziehungen wirken sich narzisstische Kränkungen, rücksichtslose und empathiearme Verhaltensweisen oder ständige Abwertungen besonders schwer aus. Der narzisstische Teil beansprucht sämtliche Wertschätzung für sich selbst und ist nicht fähig, auch dem Partner ein anständiges Maß davon zukommen zu lassen. Beziehungen zwischen zwei narzisstischen Partnern sind in der Regel nicht von Dauer, weil es hier kaum Wertschätzung für den anderen gibt und weil ein Narzisst, auch in der Partnerschaft, keine anderen Götter beziehungsweise Göttinnen neben sich duldet. Komplementäre Verhältnisse, in denen der eine Partner seinen Narzissmus auslebt und der andere damit zufrieden ist, haben oft ebenfalls keinen dauerhaften Bestand. Denn irgendwann einmal ist der komplementäre Teil mit der Rolle des Bewunderers und Jasagers nicht mehr zufrieden und versucht, autonom zu werden oder sich abzusetzen. Der tief gekränkte Narzisst beharrt aber auf seinen alten Machtansprüchen, anfangs mit rationalen Argumenten und Gewissensappellen, in weiterer Folge mit Flehen und Drohen. Meist wird dadurch die Krise dann noch verschärft, und der sich ehemals unterordnende, gefügige Partner wird sich definitiv ablösen. Viele der in den letzten Jahren bedrohlich zunehmenden Partnerschaftstragödien sind nichts anderes als der Abschluss einer Entwicklung, die von Egozentrik und fehlender Wertschätzung begünstigt wird.

Häufig bringen enttäuschte Partner die Klage vor, sich vom anderen zu wenig geliebt zu fühlen. Dabei ist es oft schwierig, zu erkennen, ob die Ansprüche des leidenden Teils ihrerseits von narzisstischen Bedürfnissen geprägt und dadurch zu hoch gehängt sind oder ob der andere tatsächlich zu wenig an wahrnehmbarer Zuwendung gibt. Manchmal muss man allerdings auch zugeben, dass das gewünschte Mehr an emotionalem Tiefgang für den Partner gar nicht möglich ist, weil er keine höhere emotionale Kompetenz hat oder diese der Wertschätzungsblockade zum Opfer gefallen ist.

Die Wiener Paar-und Sexualtherapeutin Claudia Wille nennt vier »Minenfelder der Liebe«[18], welche durchwegs mit dem Schwinden der Wertschätzung zu tun haben:

1. **Problematische Kommunikation:** Zu befriedigender und wertschätzender Kommunikation gehört neben einem konstruktiven Gesprächsklima und einer tragfähigen Konfliktkultur ein gutes Stressmanagement. Der Umgang mit persönlichem Stress und Belastungen in der Partnerschaft entscheidet über die Stabilität einer Beziehung. Erforderlich sind Ausgeglichenheit und Gelassenheit.
2. **Schlechte Organisation:** Jede gute Beziehung braucht eine gewisse Struktur, sowohl für den Haushalts- und Berufs- als auch den Freizeitbereich. Nur in wertschätzenden Gesprächen kann geklärt werden, wer welche Aufgaben übernimmt, wie sich die Wertigkeit von Haushalts- und Erwerbsarbeit darstellt, welche Grundsätze in der Kindererziehung gelten und wie mit den Finanzen umgegangen werden soll.
3. **Kränkungen:** In der Partnerschaft werden Kränkungen vor allem deshalb oft als so schmerzhaft erlebt, weil man den Kränkungsabsender ja liebt, dieser also sehr viel Wichtigkeit und Wert hat. Dabei stellt sich die Frage, wie zwei Menschen mit Kränkungen aus der Vergangenheit umgehen, ob über Verletzungen und Ängste gesprochen und über erfüllte oder unerfüllte Erwartungen diskutiert wird.

Ebenso sind die tatsächlichen oder vermeintlichen Rechte zu hinterfragen. Weil Forderungen oft als kränkend erlebt werden, sollte man Zuwendungen aller Art, einschließlich der Sexualität, nicht mit Besitzanspruch, sondern mit Dankbarkeit begegnen.

4. **Altlasten der Kindheit:** Oft nicht bewusste Prägungen aus der Herkunftsfamilie können für einen wertschätzenden Umgang mit dem späteren Partner sehr hinderlich sein, zum Beispiel wenn auf den Partner ähnliche Gefühle wie auf die lieblose Mutter oder den strengen Vater übertragen werden. Besonders belastend sind Retraumatisierungen, das Aufreißen alter Wunden. Nur wenn man die sensiblen Stellen seines Partners kennt, seine Werte ebenso wie seine nicht verheilten Wunden, können wir ihm (oder ihr) achtsam und wertschätzend begegnen.

Auch in den von der amerikanischen Paartherapeutin Mira Kirshenbaum (2010) ermittelten zehn, nach Häufigkeit geordneten typischen Ursachen für Beziehungskrisen stehen Wertschätzungsprobleme an vorderer Stelle. Da wären zunächst die vernachlässigte »Grundversorgung« mit Aufmerksamkeit, Respekt, Zuwendung und Anerkennung und in der Steigerung dann Abwertung und Verachtung des Partners. Ein weiterer wesentlicher Krisenfaktor ist der Alltagsstress, der keinen Platz mehr für die Pflege der Beziehung lässt. Darüber hinaus ist negatives Kommunikationsverhalten wie Mauern und Schweigen ein Grund für Partnerprobleme. Unerfüllte Bedürfnisse beziehungsweise ein ständiger Kampf darum und ein unbefriedigendes Sexualleben liegen auf Platz fünf und sechs. Manchmal sind die Gegensätze von Partnern einfach auch zu groß, als dass sie unter einen Hut gebracht werden könnten. Und Wunden, die der Partner oder die Partnerin zugefügt hat, können die Beziehung ebenfalls belasten, wenn sie nicht verheilen und für Verbitterung sorgen. Auf Platz neun in Kirshenbaums Liste stehen

Persönlichkeitsprobleme, etwa psychische Erkrankungen, die ein Partner in die Beziehung mitbringt. Schlussendlich findet sich auf Platz zehn die »Erwartung-gleich-null«-Falle. Auch sie hat mit fehlender Wertschätzung zu tun: Aus einem Teufelskreis – je weniger ich erwarte, desto weniger gebe ich von mir, je weniger ich gebe, desto weniger bekomme ich, je weniger ich bekomme, desto weniger erwarte ich – resultieren Interesselosigkeit an gemeinsamen Unternehmungen, Rückzug, Langeweile und letztlich auch Null-Respekt.

Wie eine wertschätzende Partnerschaft gelingt

Sofern in einer Beziehung die gegenseitige Wertschätzung selbstverständlich ist und überdauernd anhält, ersparen sich die Partner viel Ärger, Konflikte, Stress und Frustration. Meist können sie dann auch in schwierigen Situationen auf Krisengespräche, therapeutische Interventionen oder den Besuch von Partnerseminaren verzichten. Allerdings: Wertschätzung kann weder alle auf eine Partnerschaft zukommenden Probleme fernhalten noch allein diese lösen. Sehr wohl aber garantiert sie die Intaktheit der Basis einer Partnerschaft und den guten Willen, diese zu erhalten. Krisen können dann zum heilsamen Neuanfang werden, die Persönlichkeitsentwicklung beider Partner fördern, die Beziehungsfähigkeit verbessern sowie die Wertschätzungsbereitschaft und damit den Eigenwert heben.

Fasst man die Ergebnisse der Untersuchungen, welche Paarbeziehungen erforschen, zusammen, kommt man auf sechs Punkte, die eine gute Beziehung ausmachen. Sie sind die Voraussetzung für eine gelingende Partnerschaft und hängen alle eng mit Wertschätzung zusammen. Sie sind im Folgenden als Impuls für Ihr Beziehungsleben zusammengestellt.

Impuls

Stellen Sie Ihre Partnerschaft auf eine wertschätzende Basis. Die folgenden Punkte helfen Ihnen dabei:

1. Sie sollten sich gegenseitig gut kennen, also Vorgeschichte, Sorgen und Probleme sowie die guten und schlechten Seiten Ihres Partners oder Ihrer Partnerin.

2. Spüren Sie immer wieder dem Gefühl der Verbundenheit nach und pflegen Sie diese durch Worte und Gesten.

3. Gehen Sie auch bei Konflikten nicht auf Distanz, sondern suchen Sie die Verbindung und das Gespräch – selbst dann, wenn schon eine Schweigemauer entstanden ist.

4. Respektieren Sie sich gegenseitig und akzeptieren Sie auch die Ecken und Kanten Ihres Partners oder Ihrer Partnerin. Das gilt auch und gerade in Problemsituationen.

5. Teilen Sie Macht und sorgen Sie so für Gleichgewicht in der Partnerschaft. Nur dann ist Begegnung auf Augenhöhe, also auf einem wertschätzenden Niveau, möglich.

6. Versuchen Sie, Probleme nicht als Zerstörer, sondern als Herausforderungen zu betrachten. Das ermöglicht es Ihnen beiden, sich in der Partnerschaft weiterzuentwickeln und immer wieder neu kennenzulernen …

Gewinn für alle: Ein gutes Betriebsklima

»Chef ist nicht der, der etwas tut, sondern der das Verlangen weckt, etwas zu tun.«

EDGAR PISANI

Wissenschaftliche Untersuchungen haben den Vorteil, immer ernst genommen zu werden, auch wenn sie nur menschliche Erfahrungen oder eigentlich selbstverständliche Dinge bestätigen. In kaum einer Fragestellung stimmen Erfahrungen und Forschungsresultate so weitgehend überein wie bei den positiven Auswirkungen eines wertschätzenden Klimas in der Arbeitswelt und den verstärkenden Effekten, welche Lob und Anerkennung auf Leistung und Befindlichkeit der Mitarbeiter haben. Wenn in einem Betrieb eine auf gegenseitiger Wertschätzung beruhende Unternehmenskultur etabliert ist, führt dies zu mehr Zufriedenheit, höherer Produktivität und stärkerer Identifikation der Mitarbeiterinnen und Mitarbeiter mit dem Unternehmen.

Alle Studien besagen, dass Wertschätzung der mit großem Abstand wichtigste Faktor für Motivation und Einsatz im Beruf ist. So ging eine Forschergruppe um die Psychologieprofessorin Daniela Lohaus von der Technischen Universität Darmstadt 2013 der Frage nach, welche Eigenschaften einen Arbeitgeber attraktiv machen.[19] An erster Stelle wurde das durch regelmäßige Anerkennung und Wertschätzung geprägte Klima genannt. Im Vergleich dazu erreichte die Frage des Gehalts inklusive Sozialleistungen nur den 7. Platz. In einer vom Gallup-Institut 2012 durchgeführten Befragung in Unternehmen aus 34 Ländern wurde festgestellt, dass die Produktivität bei hoher emotionaler

Bindung an das Unternehmen – welche stark von einem wertschätzenden Klima abhängt – um 21 Prozent und die Rentabilität um 22 Prozent erhöht war.[20] Hingegen waren die Fehlzeiten um 37 Prozent und die Qualitätsmängel um 41 Prozent niedriger als bei emotional weniger an ihre Firma gebundenen Mitarbeitern und Mitarbeiterinnen.

Schon in einer Studie der Psychologin Barbara Fredrickson und des Unternehmensberaters Marcial Losada (2005)[21] wurde nachgewiesen, dass in Unternehmen mit wertschätzendem Umgang sowohl Arbeitsfreude und Leistungswille als auch die Produktionsergebnisse deutlich besser ausfallen. Die aus dieser Studie abgeleitete Formel, die »Losada-Rate«, besagt, dass jede negative Äußerung gegenüber Mitarbeitern durch drei positive kompensiert werden kann. Wird dies beachtet, lässt sich ein angenehmes und damit einträgliches Betriebsklima herstellen. Belohnung lohnt sich – sowohl für Unternehmen als auch für Arbeitnehmerschaft.

Gratifikation oder die wichtige Rolle der Belohnung

Im wissenschaftlichen Bereich hat sich für alles, was mit Lob, Anerkennung und Dankbarkeit im beruflichen Umfeld zu tun hat, der Fachbegriff »Gratifikation« durchgesetzt. Wörtlich als »Gefälligkeit« übersetzt, meint man damit nicht nur finanzielle Sonderzuwendungen neben dem Lohn, sondern jede Art der Belohnung, also auch Sicherheit am Arbeitsplatz, Aufstiegsmöglichkeiten sowie Anerkennung und Wertschätzung. Die materiellen und immateriellen Zuwendungen müssen aber spürbar beziehungsweise für den Empfänger wahrnehmbar sein, um von Gratifikation sprechen zu können.

Das große Bedürfnis nach Lob und Anerkennung am Arbeitsplatz wird in einer umfassenden, sehr detaillierten Studie der Initiative »Kraftwerk Anerkennung« eindrucksvoll belegt.[22] Auf die Frage nach den Folgen mangelnder Wertschätzung nannten 97,5 Prozent der Teilnehmer und Teilnehmerinnen sinkende Einsatzbereitschaft, 94 Prozent führten nachlassende Identifikation mit dem Unternehmen an. 73 Prozent befürchteten eine steigende Burn-out-Rate, und 92 Prozent sahen die Gefahr der inneren Kündigung. Der wirtschaftliche Schaden durch Unzufriedenheit am Arbeitsplatz beläuft sich nach verschiedenen Schätzungen allein in Deutschland auf fast 100 Milliarden Euro pro Jahr.

In derselben Studie wurde ermittelt, dass sich neun von zehn Befragten mehr Anerkennung wünschten. Knapp 60 Prozent gaben an, höchstens einmal pro Monat am Arbeitsplatz eine Anerkennung oder ein Lob zu bekommen. Durchschnittlich müssen Mitarbeiter 75 Tage auf das nächste positive Feedback warten. Während jedoch 81 Prozent der Führungskräfte vermeinten, häufig Anerkennung zu spenden, schätzten 60 Prozent der Befragten die Wertschätzungsbereitschaft ihrer Vorgesetzten als sehr mäßig ein.

Wie eine Gratifikationskrise entsteht

Von einer Krise durch fehlende Gratifikation ist auszugehen, wenn Berufstätige unter dem Gefühl leiden, sich über einen längeren Zeitraum sehr verausgabt zu haben, ohne eine angemessene Belohnung zu erhalten. Nach einem von dem Medizinsoziologen Johannes Siegrist entworfenen Modell kann man sich das als Balkenwaage vorstellen: In einer Schale liegen die Leistungserbringungen, und in der anderen befinden sich die Belohnungen dafür. Hat die Waagschale der Verausgabung höheres Gewicht, kann es zu einer Krise mit allen ihren Risiken kommen. Die Leistung resultiert zum einen aus der eigenen inneren Motivation, zum anderen spielen auch Einflüsse von außen eine Rolle, etwa hoher Leistungsdruck, Überstunden und Mehrfachbelastungen.

Weihnachtsfeier 1999

Es war im Herbst 2015. Bei einem Führungsseminar, an welchem der gesamte Vorstand und alle Abteilungsleiter teilnahmen, kam die Rede bald auf das schlechte Betriebsklima und die bescheidene Anerkennungskultur. Walter, einer der ältesten Mitarbeiter, hatte den Mut, dem ebenfalls anwesenden Inhaber des Unternehmens, einem patriarchalisch agierenden Chef alter Schule, ins Gesicht zu sagen, dass man in seinem Betrieb nie ein Lob zu hören bekomme. Der kritisierte Herr war sichtlich betroffen. Er zuckte geradezu zusammen, dachte einige Zeit nach und antwortete schließlich: »Doch, doch … einmal habe ich dich gelobt, ich weiß es genau. Es war … bei der Weihnachtsfeier … im Jahr 1999!«

Die Gefahr einer Gratifikationskrise ist umso höher, je stärker die Motivation und der Leistungswille des Arbeitnehmers sind, je starrer die Arbeitsverträge gestaltet werden und je geringer sich die Möglichkeiten zum Wechsel von Tätigkeit oder Funktion innerhalb des Betriebes darstellen. Die Kernaussage von Johannes Siegrists Modell besagt, dass die Erfahrung eines wiederkehrenden Ungleichgewichts zwischen hoher Leistung und niedriger Belohnung intensive Stressreaktionen hervorruft. Ein Wertschätzungsdefizit stellt gerade im beruflichen Bereich einen Stressor ersten Ranges dar. Dies sowohl auf der Ebene der eigentlichen Leistungsbewertung als auch in Bezug auf Emotionen und körperliche Reaktionen. Besonders gefährlich sind die negativen Begleitgefühle wie Angst, Ärger, Wut oder Hilflosigkeit. Und im körperlichen Bereich wird die sogenannte Stressachse aktiviert, was zu Frustrationen, Resignation und Burn-out (siehe auch Seite 137 bis 153), aber auch zu Blutdruckanstieg, Herzrhythmusstörungen sowie Schädigungen im Fett- und Zuckerstoffwechsel führen kann.

Siegrist hat in experimentellen Untersuchungen darüber hinaus nachgewiesen, dass bei Personen mit beruflicher Gratifikationskrise jene psychobiologischen Reaktionsmuster Schaden erleiden, welche für die Entwicklung von Depressionen maßgebend sind, etwa im Bereich der Stresshormone und der Immunabwehr. Das Depressionsrisiko wird vor allem durch eine anhaltende Erwartungs-Enttäuschungs-Reaktion klar erhöht.

Psychoterror Mobbing

Zum größten Gegenspieler der Wertschätzung ist in der modernen Arbeitswelt jene Form des Machtmissbrauchs geworden, welche man auch als Psychoterror, immer häufiger aber als Mobbing bezeichnet (siehe auch Seite 32 und 96). Man versteht darunter einen Prozess der systematischen Ausgrenzung, Erniedrigung und Entwertung eines Menschen durch eine oder mehrere Personen, vornehmlich am Arbeitsplatz, aber auch in der privaten Welt. Zum Mobbing (vom englischen »to mob« für »über jemanden herfallen, jemanden anpöbeln«) zählt man auch das meist synonym verwendete Bullying (von englisch »bully« für »brutaler Kerl«) und das Stalking (vom englischen »to stalk« für »jagen, heranpirschen, hetzen«), also die beharrliche Verfolgung und Belästigung.

Während Mobbing als Verhalten oder als destruktive soziale Interaktion gut zu beschreiben ist, lässt sich das Phänomen juristisch nur schwer fassen. Wie für Kränkungen aller Art typisch, fällt die Interpretation der Handlungen bei Absender und Empfänger meist konträr aus. Die Opfer sprechen von der »Hölle«, die sie mitmachen mussten, die Täter von ganz normalem, »vielleicht manchmal etwas rauem« Verhalten. Nach vorsichtigen Schätzungen haben etwa zehn Prozent der Dienstnehmer das Gefühl, zumindest einmal während der beruflichen Laufbahn über längere Zeit Opfer böswilliger Handlungen durch Vorgesetzte oder Mitarbeiter geworden zu sein. Besonders betroffen sind Personen mit pädagogischen und sozialen Berufen und Beschäftigte in der öffentlichen Verwaltung. Am niedrigsten sind die Mobbingraten in autonomen Berufen, etwa im Handwerk oder in der Landwirtschaft.

Mobbing kann gewalttätig sein, so durch Zerstörung von Arbeitsmaterialien oder sexuelle Belästigung. Meist aber wird verbales oder stummes Mobbing eingesetzt, in den letzten Jahren immer mehr auch Cybermobbing, also Abwertung und Bloßstellen im Netz. Passive Mobbinghandlungen bestehen aus Ignorieren und Schneiden des Opfers, Zurückhalten wichtiger Informationen und Ausgrenzung aus den verschiedenen Gemeinschaften. Hier die »beliebtesten« Mobbing-Methoden im Überblick:

1. Hinter dem Rücken schlecht sprechen
2. Abwertende Blicke und Gesten
3. Emotionale Kontaktverweigerung
4. Destruktive Kritik der Arbeitsleistung
5. Ständig ins Wort fallen und Wortabschneiden
6. Lächerlich machen
7. Vorenthalten wichtiger Informationen
8. Anschreien und laut schimpfen
9. Unterstellung psychischer Störungen
10. Ausschluss von Teamgesprächen
11. Keine oder sinnlose Arbeitsaufgaben
12. Kritik der religiösen oder politischen Einstellung

Die Folgen des Mobbings, welches eine hohe Dunkelziffer aufweist, sind dramatisch. Die Opfer erleben die Umgebung als feindlich und haben das stete Gefühl, als Person erniedrigt und als Mitarbeiter infrage gestellt zu werden. Es kommt zu Konzentrationsproblemen, Gereiztheit, Hektik, Selbstwertzweifeln, Stimmungslabilität und Gefühlen der Verzweiflung bis hin zu Todeswünschen. Nicht selten stellt sich bei den Betroffenen eine posttraumatische Verbitterungsstörung ein (siehe Seite 151), also eine Kränkungsreaktion mit seelischer Langzeitwirkung und psychosozialen Konsequenzen, mit erlebten Gefühlen des Versagens und der Hilflosigkeit. Manchmal sind die Folgen so schwer, dass die Opfer nicht mehr arbeiten können und berentet werden müssen.

Das »Täterprofil« zeigt eher unerwartete Abweichungen. Der klassische Mobber leidet nicht etwa an psychopathischen Charakterzügen, sondern meist an Über- oder Unterforderung, an versteckten Minderwertigkeitsgefühlen und Identitätsproblemen. Oft ist er in Konflikte außerhalb des Arbeitsplatzes verwickelt. Und gar nicht so selten ist er selbst schon Opfer von Mobbing-Handlungen geworden – gleich dem Hackhuhn im mittleren Rang, das von oben gequält wird und nach unten austeilt.

Mobbing verläuft nicht nur von oben nach unten und auf gleicher Hierarchieebene. Häufig fühlen sich auch Vorgesetzte gemobbt, etwa wenn sie lächerlich gemacht, denunziert oder verleumdet werden oder wenn ihr Privatleben ausspioniert wird.

Mobbing am Arbeitsplatz ist unzweifelhaft Missbrauch von Macht, hat aber manchmal auch die Funktion eines Entlastungsventils für Aggressionen. Viele Täter haben Angst vor beruflichem Versagen, manchmal buhlen sie um Anerkennung, die ihnen im Privatleben oder am Arbeitsplatz versagt wird. Da kommt es ihnen gerade recht, wenn sie ihren Selbstwert durch die Abwertung anderer erhöhen können.

Zusammenfassend lässt sich sagen, dass destruktives Verhalten überall vorkommt, wo Menschen zusammen sind, dass dieses sowohl Mobbing-Tätern als auch -Opfern sehr viel persönliche Kraft kostet und viel institutionelle Energie der gesamten Firma oder der Organisation fordert. Es stellt deswegen einen großen Schadensfaktor dar. Das beste Gegenmittel ist gelebte und gepflegte Wertschätzung.

Eine Wertschätzungskultur bei Führung und Belegschaft entwickeln

Jede Wertschätzungskultur in der Berufswelt beginnt mit einem positiven Führungsstil, einem wertschätzenden Verhalten der Leitungskräfte gegenüber ihren untergebenen Mitarbeitern. Guter Führungsstil wirkt sich schon bei den Einstellungsverfahren positiv aus, stärkt die Bindung der Mitarbeiter und Mitarbeiterinnen an das Unternehmen, hebt deren Motivation und Zufriedenheit und ist für den Erfolg des Unternehmens maßgeblich verantwortlich.

Man kann unterscheiden zwischen autoritärem, demokratischem, patriarchalischem, autokratischem und bürokratischem Führungsstil, darüber hinaus gibt es den charismatischen und der Laissez–faire-Führungsstil. Die beiden Letzteren werden als besonders wertschätzend erlebt. Die menschliche Ausstrahlung von Charismatikern wird besonders durch ihr Empathievermögen, ihre Vorbildhaltung und ihre wertschätzende Art der Begegnung bestimmt. Der Laissez-faire-Führungsstil ermöglicht es den Mitarbeitern, eigenständig zu arbeiten und autonome Entscheidungen zu treffen, wodurch ihre Kreativität freigesetzt wird und bei ihnen das Gefühl steigt, anerkannt zu sein.

Die ideale Führung ist an einzelne Gruppenmitglieder, also individuell, angepasst, richtet sich aber auch nach der Art der Gruppe. Immer erforderlich sind fördernde, ermutigende, anspornende, integrierende, manchmal auch bremsende, immer aber wertschätzende Anregungen. Eine Führungskraft sollte daher neben hoher fachlicher auch soziale Kompetenz aufweisen und sensibel für Probleme der Mitarbeiter sein. Ferner ist sie in der Lage, Tabuthemen anzusprechen und Interventionsgespräche zu führen. Das Vorbild einer Führungskraft (Vorgesetzte werden immer von Untergebenen imitiert) ist eine wesentliche Voraussetzung für die Entwicklung einer Wertschätzungskultur in einem Unternehmen.

Aber auch die Mitarbeiter und Mitarbeiterinnen selbst sind gefragt. Wichtig für die Förderung eines besseren Arbeitsklimas sind nämlich das Bekenntnis zur Wertschätzungskultur und der Wille von Führung und Belegschaft zu gemeinsamen diesbezüglichen Anstrengungen. Um entsprechende Maßnahmen in Betrieben umsetzen zu können, sollte durch anonymisierte Mitarbeiterbefragungen zunächst der aktuelle Stand hinsichtlich Wertschätzungskultur ermittelt werden. In einem weiteren Schritt sind dann gemeinsam Möglichkeiten zu einer gerechten Entlohnung und Gewinnbeteiligung, zu Ausbildungsangeboten und innerbetrieblichen Aufstiegschancen zu erarbeiten. Durch Fortbildungsveranstaltungen lassen sich betriebseigene Informationsflüsse und die Kooperation verbessern, was sich auch positiv auf die zwischenmenschliche Ebene auswirkt.

Von Seminaren für Führungskräfte, die das Führungsverhalten optimieren, profitieren nicht nur die Untergebenen, sondern auch die so geschulte Leitungscrew selbst. Wertschätzung wirkt ja in beide Richtungen. Unter den Mitarbeitern haben sich schließlich Maßnahmen zur Stressbewältigung, zu Zeitmanagement und zu Krisenintervention sehr bewährt.

Alle Untersuchungen, welche dem Zusammenhang zwischen sozialer Anerkennung und Leistungsfähigkeit sowie beruflicher Gratifikation und körperlicher, psychischer und sozialer Gesundheit nachgehen, kommen zu einem eindeutigen Schluss: Wertschätzung am Arbeitsplatz ist ein psychologischer Schutzfaktor, der das Risiko von Stresserkrankungen und Funktionseinschränkungen ganz klar verringert. Gleichzeitig fördert eine Wertschätzungskultur die Freude an der Arbeit, die Bindung an das Unternehmen, die Zufriedenheit der Mitarbeiter und schließlich und endlich auch den wirtschaftlichen Erfolg.

Wertschätzung leben

»Willst du dich selber erkennen, so sieh,
wie die andern es treiben!
Willst du die andern verstehn,
blick in dein eigenes Herz!«
FRIEDRICH SCHILLER

Wollen wir mehr Aufmerksamkeit, Achtsamkeit, Achtung und Anerkennung in unser persönliches Leben integrieren und echte Wertschätzung auch im näheren und weiteren Umfeld verwirklichen, brauchen wir eine wertschätzende Grundeinstellung. Diese können wir nicht durch antrainierte, rein äußerliche Verhaltensweisen, auswendig gelernte Floskeln oder starre Formeln hervorzaubern. Da sie nämlich eng mit unserer Emotionalität verknüpft ist, können wohlmeinende Haltung und wertschätzender Umgang nicht über kognitive Anleitungen, sondern nur über Änderungen auf der Gefühlsebene erreicht werden, und das heißt über die Arbeit an Einstellung, Charaktereigenschaften und Reaktionsweisen, an sozialer und emotionaler Kompetenz – also über Selbst- oder Persönlichkeitsbildung.

Aufgeschlossenheit – das Tor zur Wertschätzung

Um die für wertschätzendes Empfinden und Verhalten unabdingbare Aufmerksamkeit und Achtsamkeit aufzubringen, ist es erforderlich, gegenüber Umwelt und Mitmenschen, alternativen Gedanken und anderen Ideen, kulturellen und politischen Strömungen sowie neuen sozialen und technischen Entwicklungen überhaupt erst einmal aufgeschlossen zu sein. Aufgeschlossenheit bedeutet:

- Offenheit gegenüber anderen Personen und Gruppen oder andersartigem Gedankengut; dies setzt geistige Wachheit, Interessiertheit und Vorurteilsfreiheit voraus.
- Die Bereitschaft, sich auf eine Kommunikation mit Menschen einzulassen, die anders denken und handeln als wir selbst; dabei geht es um einen Austausch auf Augenhöhe, darum, dass wir nicht abwerten oder abblocken.
- Die Fähigkeit, loszulassen; sie bezieht sich auf beide vorgenannten Punkte. Es geht darum, eigene Ansichten nicht zu verabsolutieren und reflexartige Reaktionsmuster zu hinterfragen und gegebenenfalls abzulegen. Es geht also um die Bereitschaft, sich selbst weiterzuentwickeln.

Nur wenn diese Voraussetzungen erfüllt sind, können wir zu ausgewogenen Urteilen kommen und respektvoll reagieren – auch wenn die Meinungen auseinandergehen. Denn eigene Vorstellungen und eingefahrene Verhaltensweisen verstellen eine klare Sicht der Dinge.

Neugierig sein und Scheuklappen ablegen

Echte Aufgeschlossenheit ist ohne ein gewisses Maß an Neugier nicht möglich. Früher galt sie als schlechte Eigenschaft, gar als Laster, heute wird sie psychologisch als Reiz oder Verlangen, Neues zu erfahren und Verborgenes kennenzulernen, definiert. Mit ihr werden überwiegend positive Eigenschaften assoziiert, wie Offenheit für vielfältige Erfahrungen, Intelligenz, Kreativität, Wissbegierde. Und sie gilt als Antrieb, hinter die Dinge zu schauen, und als Vorbedingung allen Staunens.

Zum kommunikativen Aspekt von Aufgeschlossenheit gehört es auch, sich nicht von dem heute herrschenden »Ideal« der Coolness und Lässigkeit vereinnahmen zu lassen. Denn wer sich hinter der Maske der Abgebrühtheit verschanzt und dort geschützt fühlt, wer seine Gefühle und Bedürfnisse ganz auf das eigene Ego richtet, wird sich emotional nicht öffnen. Und da Coolness und Lässigkeit meist mit Herablassung, Besserwisserei und destruktiver Kritik gepaart sind, lassen sie auch keine positive Erwartung, schon gar nicht Achtung und Anerkennung zu. Es heißt also, die narzisstischen Scheuklappen abzulegen oder wenigstens etwas weiter zu stellen und der Ich-Sucht ein »Du« und ein »Wir« entgegenzusetzen.

Auf dieses Du und Wir müssen wir uns allerdings auch einlassen, also im persönlichen Kontakt eine emotionale Brücke herstellen. Interesse an dem hinter jedem Menschen stehenden Schicksal und den Besonderheiten jedes Charakters sowie ein wenig intuitives Geschick sind die Baumeister dieser Brücke. Allerdings können wir nicht damit rechnen, dass alle Menschen ihrerseits offen und aufgeschlossen sind. Und die Abwehr eines anderen zu überwinden ist nicht ganz einfach – auch nicht für einen Therapeuten. Wenn wir darin aber eine interessante Aufgabe, eine Herausforderung sehen und nicht nur eine Widerstandsmauer, können Sie mit positiver Motivation herangehen. Falls es dann gelingt, »harte Brocken« und »Sturschädel« zu »knacken« und mit ihnen in Kommunikation zu treten, spricht dies für Ihre psychologischen Fähigkeiten – und nicht zuletzt für Ihre Wertschätzungsfähigkeit.

Wer gut zuhören kann, zeigt nicht nur seine Wertschätzung, sondern wirkt auf andere auch ernsthaft, selbstsicher, respektvoll und gelassen.

Neugierig auf andere zu sein und sich auf sie einzulassen erfordert es auch, zuhören zu können. Allein das Gefühl, ein interessiertes Ohr für seine Probleme gefunden zu haben, ist für frustrierte, resignative und einsame Menschen von enormer Wichtigkeit. Offenes Zuhören ohne Zeitdruck wird aber auch ganz grundsätzlich als Wertschätzung ersten Ranges empfunden, da es Interesse und Anteilnahme vermittelt. Zuzuhören heißt, anderen das heute so wertvoll gewordene Gut der Zeit zu schenken und das Gefühl zu vermitteln, dass wir sie ernst nehmen, ihre Gedanken und Probleme als wichtig bewerten und das Schicksal ein Stück weit mit ihnen teilen wollen.

Beim Minimum beginnen: Toleranz

Eng verknüpft mit der Aufgeschlossenheit ist die Toleranz, denn sie ist die kleinste Form des »Ja« zu allem, was außerhalb unserer selbst liegt. Toleranz ist akzeptierendes Verständnis für andere Personen und Wesensarten, für die Individualität jedes Mitmenschen und für die gesamte Umwelt in ihrer Vielfältigkeit. Zusammen mit der Eigenschaft Aufgeschlossenheit bildet eine tolerante Haltung die Vorbedingung auf dem Königsweg zur Wertschätzung. Sie ist aber auch Voraussetzung für die eigene Weiterentwicklung, das hat bereits Konfuzius (551–479 v. Chr.) erkannt: »Kannst du das Anderssein eines anderen Menschen nicht verzeihen, bist du noch weitab vom Weg der Weisheit.«

Toleranz – mit einem alten Ausdruck auch Duldsamkeit genannt (von lateinisch »tolerare« für »ertragen, erdulden«) – bedeutet Gewähren von Freiräumen für die Gedanken, Eigenheiten, Lebensweisen und Sitten anderer. Bei wahrer Toleranz wird das Andersartige also nicht nur ertragen oder erduldet. Vielmehr entspricht sie einer wohlmeinenden und schätzenden Einstellung, einer großzügigen und weitherzigen Haltung. Sie geht nicht so weit wie die gutheißende, zustimmende Akzeptanz und steht im Kontrast zur Intoleranz, welche keine andere Meinung gelten lässt als die eigene. Toleranz hat auch nichts mit der Aufgabe eigener Werte zu tun und bedeutet nicht, den Meinungen anderer zuzustimmen und ihr Verhalten zu befürworten. »Toleranz besteht nicht darin, dass man die Ansicht eines anderen teilt, sondern nur darin, dem anderen das Recht einzuräumen, überhaupt anderer Ansicht zu sein«, hat es der große Psychotherapeut Viktor Frankl (1905–1997) auf den Punkt gebracht.

Im politischen Bereich gilt Toleranz als Haltung und Antwort einer etablierten Gesellschaft gegenüber Minderheiten mit abweichenden Überzeugungen. Damit stellt die richtig gelebte Toleranz einen Schutz für beide Seiten dar: Die eigenen Werte bleiben gewahrt, und die Andersdenkenden, die Randgruppen oder Außenseiter, werden keinen Repressionen ausgesetzt. Toleranz erweist sich somit als Voraussetzung für ein friedliches Mit- und Nebeneinander. Sie ist hier die Vorbedingung von Freiheit und Humanität – und von Wertschätzung.

Als Kind der Aufklärung erfordert Toleranz eine gewisse Neutralität. Das heißt, sie urteilt nicht, sondern sie betrachtet. Wenn Goethe in »Maximen und Reflexionen« gemeint hat: »Toleranz sollte eigentlich nur eine vorübergehende Gesinnung sein: sie muss zur Anerkennung führen«, spricht er genau deren Verhältnis zur Wertschätzung an, da Anerkennung ein wesentlicher Bestandteil der Wertschätzung ist (siehe Seite 67 bis 70). Albert Schweitzer (1975–1965) hat sogar gemeint, dass Toleranz nicht ohne Liebe möglich sei. Wie auch immer, Toleranz verwischt nicht die Grenzen zwischen Gut und Böse und unterminiert keinesfalls eine klare Position. Sie bedeutet weder Schwäche noch Gleichgültigkeit, schon gar nicht Gesinnungslosigkeit oder Selbstverleugnung. Die Einstellung anderer zu tolerieren erfordert nicht, seiner eigenen abzuschwören. Echte Toleranz setzt sogar persönliche Stärke und eine fundierte eigene Wertewelt voraus. Tolerant kann nur sein, wer sich sicher ist, vor allem seiner selbst.

Richtige Toleranz will gelernt sein. Keinesfalls sollen wir tolerant sein bis zur Selbstaufgabe oder – ganz im Gegenteil – bis aufs Messer. Und Toleranz endet dort, wo Menschen zu Schaden kommen. Dann gilt tatsächlich der Slogan: »Keine Toleranz der Intoleranz.«

Im philosophischen Bereich wird der Begriff der Toleranz im Zusammenhang mit dem Bewusstsein für Gut und Böse sowie mit der Wahrheits- und Freiheitsfrage diskutiert. Als »unvollkommene Tugend« lasse sie etwas zu, so sagt der Soziologe Kees Schuyt, was eigentlich abzulehnen sei. Toleranz ist jedenfalls nicht beliebig und hat dort ihre Grenzen, wo Mensch und Natur zu Schaden kommen. In einem toleranten Umfeld haben die Menschen genügend Freiraum für ihre unterschiedlichen Wertvorstellungen und Lebensweisen, die Grundrechte für Meinungs- und Redefreiheit sind dort gewahrt.

Unzweifelhaft ist die Grenze zwischen Toleranz und Gleichgültigkeit auf der einen und Egoismus auf der anderen Seite recht eng. Toleranz wird meist von den anderen verlangt, endet aber oft, wenn es um die eigenen Interessen geht.

Wertschätzend kommunizieren – auch bei Kritik

Wenn wir aufgeschlossen sind und mit anderen in Beziehung treten, kommt es auch auf einen guten Kommunikationsstil an. Denn Wertschätzung kann ihr Ziel nicht erreichen, wenn sie nicht zum Ausdruck gebracht beziehungsweise vom Empfänger nicht wahrgenommen werden kann. Um Wertschätzung zu leben, sind also neben positiver Emotionalität und offener Zuwendung auch angemessene Rückmeldungen erforderlich. Diese müssen wahrhaftig sein und die Grundzüge der Psychologie des Lobens berücksichtigen (siehe Seite 154 bis 165).

Feedback-Kompetenz – also die Fähigkeit, wertschätzend auf andere zu reagieren – erfordert Empathie und Orientierung an den positiven Anteilen eines Verhaltens oder einer Persönlichkeit. Dabei werden oft die guten Eigenschaften und Leistungen gewürdigt und die schlechten verschwiegen. Echtes Feedback ist aber ohne Kritik gar nicht möglich. Diese muss allerdings konstruktiv sein, ansonsten ruft sie Abwehr und Widerspruch, oft sogar das Gefühl der Entwertung hervor. Kritik, welche sich vornehmlich auf negative Verhaltensweisen und nachteilige Charakterzüge bezieht, bringt mehr Schaden als Nutzen und erregt den Verdacht, dass der Kritiker nicht zur ganzheitlichen und damit gerechten Betrachtung fähig ist.

Den ganzen Menschen empathisch erfassen

Sich in andere Menschen hineinfühlen zu können zählt – wie an vielen Stellen dieses Buches betont – zu den hoch entwickelten menschlichen Fähigkeiten. Zunächst geht es dabei nicht um ein positives, wohlmeinendes oder mitleidendes, sondern um ein neutrales Einfühlen. Ein guter Psychologe etwa wird sich in einen gehemmten, aggressiven, suizidalen oder delinquenten Menschen genauso hineinfühlen können wie in ein sensibles, kreatives oder leidendes Individuum. Entscheidend ist, die richtige Wellenlänge zu finden und dem Gegenüber sein emotionales Mitschwingen bis hin zu Sympathie und Mitleiden vermitteln zu können. Dies hat nichts mit falschem Verständnis, Anbiederung oder übertriebener Psychologisierung zu tun, sondern ist eine Frage der emotionalen Intelligenz (Seite 112).

Nur wer sich in die Lage anderer versetzen kann, kann Wertschätzung leben und empfangen.

Wertschätzung und Empathie verdienen ihren Namen allerdings nur, wenn wir andere mit all ihren guten und nachteiligen Eigenschaften, mit ihren Eigenheiten und Werten, mit ihrer Geschichte und ihren Erfahrungen erfassen. Ein Mensch ist nie abnormal, gestört, pathologisch oder kriminell. Vielmehr weist er individuelle Abnormitäten auf oder leidet an einzelnen Störungen. Er hat keinen kranken Charakter und ist auch kein geborener Verbrecher, sondern unterscheidet sich von uns und anderen durch einzelne Persönlichkeitszüge. Letzteres gilt es auch außerhalb von Therapie und Gerichtssaal zu beachten. Verallgemeinerungen, Schubladisierungen und Kategorisierungen werden dem Wesen der echten Wertschätzung nicht gerecht.

Kritik anbringen und annehmen

Was ist also zu beachten, wenn wir jemanden kritisieren? Wie kann Kritik – in der Regel mit einem negativ-entwertenden Beigeschmack ausgestattet – beim Betroffenen das Gefühl auslösen, geachtet und respektiert zu werden? Wann kann unser Feedback als Aufmunterung wirken und andere positiv motivieren? Wie also wird Kritik wertschätzend?

Stellt Kritik den Hinweis auf Optimierungsmöglichkeiten in den Vordergrund, zeigt sie Aufmerksamkeit und wohlmeinendes Interesse an der kritisierten Person an. Wenn wir auf diese Weise konstruktiv vorgehen, nehmen wir den anderen ernst und lassen erkennen, dass wir etwas zur Verbesserung des Verhaltens, der Handlungen oder der Leistungen beitragen wollen. Als Anregung oder Verbesserungsvorschlag will Kritik ja nichts Schlechtes. Signalisieren Sie, wenn möglich, auch Verständnis für das nicht ganz so optimale Verhalten oder die misslungene Leistung. Häufig ist Ihr Gegenüber gar nicht bewusst »böse« und hat sich bei dem, was es tut, meistens auch etwas gedacht. Entscheidend sind also die Art des Kritisierens und die dahinterstehende Absicht: Wertschätzende Kritik ist so zu gestalten, dass sie nicht als kränkend, sondern als motivierend empfunden wird. Nur wenn das menschliche Individuum so weit wie möglich in seiner Gesamtheit erfasst und beurteilt wird, mit all seinen Vor- und Nachteilen, seinen guten und schlechten Eigenschaften, kann Kritik objektiv sein.

Damit Kritik als wertschätzend erlebt wird, soll sie positiv ausgerichtet sein, also die Stärken betonen, die Schwächen nicht dramatisieren und auf Verbesserungsvorschläge setzen.

Im Bereich der Kommunikation überhaupt, in Bezug auf Kritik jedoch im Besonderen ist wichtig, dass die Botschaft des »Senders« beim »Empfänger« auch ankommt und richtig wahrgenommen wird. Entscheidend ist, wie jemand ein Feedback gefühlsmäßig aufnimmt und beurteilt, wenn es kritisch ausfällt. Besteht dem Kritiker gegenüber eine positive Erwartungshaltung, wird das Feedback eher als wohlmeinende Hilfestellung und damit als Ausdruck der Wertschätzung betrachtet werden. Wer jedoch sehr empfindlich und gegenüber sämtlichen Rückmeldungen und Reaktionen der Umgebung negativ eingestellt ist, wird jeden guten und gut gemeinten Ratschlag als Schlag im wahrsten Sinn des Wortes empfinden. Der springende Punkt aufseiten des Kritisierten ist also die eigene Kränkungsanfälligkeit – die wohl jeder ein kleines oder größeres Stück weit kennt, die einem wertschätzenden Austausch und Umgang jedoch genauso im Wege steht wie destruktive Kritik.

Kritikkompetenz

Wissenschaftlich unterscheidet man zwischen zwei Gruppen der Kritikfähigkeit. Während die aktive Form das Geschick meint, auf konstruktive Weise Kritik üben zu können, versetzt die passive Kritikfähigkeit die kritisierte Person in die Lage, mit empfangener Kritik konstruktiv umzugehen. Da Menschen in der Regel nie immer nur Sender oder Empfänger von Kritik sind, brauchen sie Kritikkompetenz, die beide Fähigkeiten umfasst. Diese hängt ihrerseits vom Grad der Empathiefähigkeit ab. Soll die Kritik als wertschätzend erlebt werden, ist ein hohes Maß an Kritikkompetenz aufseiten der kritisierenden und der kritisierten Personen erforderlich. Es geht darum, Kritik wertschätzend – also konstruktiv und nicht kränkend – zu vermitteln und, umgekehrt, auf Kritik ebenso wertschätzend zu reagieren.

Richtig Selbstkritik üben

Die Feststellung, dass konstruktive Kritik durchaus wertschätzend sein kann, trifft auch für die Selbstkritik zu. Im positiven Fall kann sie nämlich Eigenwert und Selbstbewusstsein stärken. Eine differenzierte kritische Auseinandersetzung mit der eigenen Person zeugt nicht nur von persönlicher Reife und Souveränität, sondern bedeutet auch Vertrauen in das eigene Urteil. Selbstkritische Menschen nehmen so wichtige Aufgaben wie die Analyse ihrer Persönlichkeit und die Korrektur des eigenen Verhaltens selbst in die Hand und machen sich nicht vom Urteil anderer abhängig. Allerdings sollte vernünftige Selbstkritik immer auch andere Standpunkte berücksichtigen und die Sichtweise von außen ernst nehmen.

Bei Menschen, die ein schlechtes Bild von sich haben, die eigene Person ablehnen und sich selbst in nahezu masochistischer Weise entwerten, besteht aber die Gefahr der »Selbstkritiksucht«. Diese verstärkt vorhandene Minderwertigkeitskomplexe dann noch, ist nicht selten mit psychosomatischen Leiden verbunden und führt in manchen Fällen zu Resignation, Depressivität und Suizidalität. Deshalb ist bei der Selbstkritik, welche eine gewisse Selbstdistanzierung voraussetzt, das richtige Maß von besonderer Wichtigkeit.

Wertschätzung einfordern

Zu einer gelingenden wertschätzenden Kommunikation gehört auch, Wertschätzung für sich einzufordern. Da der Mensch Zuwendung, Anerkennung und Respekt braucht, dieses Grundbedürfnis aber immer weniger erfüllt wird, hat er das Recht dazu. Dies beginnt mit Hinweis auf seine Kränkungsgrenze, setzt sich mit der Formulierung seiner Bedürfnisse fort und gipfelt im klaren Bekenntnis zu seinen Eigenschaften und seiner Persönlichkeit. Dies ist nicht zuletzt deshalb wichtig, weil Wertschätzung den Selbstwert stärkt und Änderung nur entstehen kann, wenn damit ein Benefiz für uns verbunden ist. Dieses liegt bei der

Wertschätzung neben der Aussicht auf mehr emotionale Wärme und der Verhinderung von Isolation und Vereinsamung in erster Linie in dieser selbstwertstärkenden Eigenschaft der Wertschätzung. Es gilt hier das Wort des Schweizer Literaten Peter F. Keller: »Weniger werten und mehr wertschätzen führt zum Mehrwert für alle.«

Kühler Kopf und innere Ruhe – Gelassenheit

Jede Beschreibung der wertschätzenden Haltung wäre nicht ganz vollständig, würde man nicht ihr Verhältnis zur Gelassenheit berücksichtigen. Ohne ein gewisses Maß an Gelassenheit ist echte Wertschätzung kaum möglich, da man ja die für sich selbst gewünschte Anerkennung ein Stück weit loslassen muss, wenn sie anderen zukommen soll. Schon Meister Eckhart hat diesen Aspekt des Gelassenseins betont: »Man muss erst lassen können, um gelassen zu sein.«

Je reifer und gelassener eine Persönlichkeit ist, umso mehr wird sie fähig sein, den Wert anderer anzuerkennen. Nur wer sich aus dem ständigen Vergleichskampf mit den Mitmenschen herausnimmt, wer sich selbst genügt und der Gier nach Überlegenheit und Macht widerstehen kann, duldet auch andere Götter neben sich. Im folgenden finden Sie die wichtigsten Punkte, die ein gelassenes In-der-Welt-Sein ausmachen, sowie die großen Vorteile von Gelassenheit – nicht nur, aber auch, im Hinblick auf die Wertschätzung.

- Gelassenheit steht in einem komplementären Verhältnis zur Wertschätzung und unterscheidet sich von dieser durch ihre emotionale Ausrichtung. Während Wertschätzung nach außen gerichtet ist und in der Begegnung mit anderen zum Tragen kommt, dient die Gelassenheit eher der Eigenstärkung und dem Selbstschutz. Beides sind Haltungen gegenüber dem Leben und der Welt, die man sich im Verlauf der Persönlichkeitsentwicklung erarbeiten kann.

- Gelassene Menschen können Belastungen sachlicher analysieren, gegenüber Schwierigkeiten eine distanziertere Haltung einnehmen und Sorgen besser loslassen. Wenn man gelassen ist, wird man sich nicht von momentanen Affekten oder brodelnden Emotionen überrollen und zu keinen kopflosen Handlungen treiben lassen.
- Gelassenheit heißt nicht, Probleme und Sorgen zu ignorieren. Der gelassene Mensch wird sich aber anders dazu stellen und bedachter damit umgehen. Er wird sich nicht dem Diktat von momentanen Stimmungen und Bedürfnissen unterwerfen, sich weder vom Sturm der Entrüstung fortreißen lassen noch blind vor Wut handeln. Den Gelassenen können kein Eifer verzehren, keine Kränkungen krank machen und kein Kummer erdrücken.
- Gelassenheit hat auch nichts mit fehlendem Interesse und Engagement zu tun, vielmehr garantiert sie eine ruhige Hand, auch in stürmischen Gewässern. Denn aus einer gelassenen Position nimmt man Probleme genau wahr, unverfälscht durch starke Emotionen. So kann man auch in überlasteten Situationen überlegt reagieren.
- Eine gelassene Persönlichkeit wirkt auf andere erfahren und souverän, sie strahlt Besonnenheit und Ruhe aus, sie gibt den Mitmenschen Sicherheit. Und da sich der Gelassene besser von Rivalität, Rechthaberei oder Gier lösen kann, wird er auch freier.

Eng verwandt mit der mehr die emotionalen Reaktionen betreffenden Gelassenheit ist die Besonnenheit, welche den rationalen Aspekt der inneren Ruhe, das Bewahren eines kühlen Kopfes in stürmischen Situationen anspricht. Wenn es gelingt, sich besonnen über die brodelnden Emotionen zu stellen und einen souveränen Standpunkt einzunehmen, wird die Analyse klarer und das Denken schärfer. Dies heißt nichts anderes, als dass wir nicht trotz, sondern wegen der vielen Aufgaben und Schwierigkeiten gelassen sein sollten.

Wie wichtig echte Gelassenheit für Empfinden und Verhalten der menschlichen Persönlichkeit ist, zeigt ihre große Bedeutung in Psychologie, Psychotherapie, Philosophie und Religion. Sucht man bei den zahlreichen, sich voneinander meist scharf abgrenzenden psychotherapeutischen Schulen nach Gemeinsamkeiten, wird man wenigstens in einem Punkt fündig: Sie alle wollen ihre Patienten befähigen, gelassener zu werden. Und umgekehrt: Gelassenheit erweist sich in Beratung und Therapie als ungeheurer Vorteil. Klienten und Patienten werden sich viel eher trauen, ihre Fehler und Sorgen jemandem mitzuteilen, der das alles schon kennt, sich nicht so leicht aus der Ruhe bringen lässt und bei keinem Problem ratlos wirkt.

Auch die von den Religionen angestrebten Tugenden wie Mäßigung, Achtsamkeit oder Sanftmut meinen nichts anderes als Gelassenheit. Diese innere Einstellung gilt als eine der erstrebenswertesten menschlichen Fähigkeiten, mit welcher man Lebensschwierigkeiten besser bewältigen und Krisen eher überstehen wird. Nehmen wir uns, ob katholisch oder nicht, Johannes XXIII. als Beispiel für die Personifizierung gütiger Gelassenheit. Sein unmittelbar nach der Papstwahl gesprochenes Wort hat seine ganze Demut und Gelassenheit, auch seinen Humor, zum Ausdruck gebracht: »Jetzt bin ich zwar unfehlbar, werde aber davon nicht Gebrauch machen.« Als Leitfaden kann sein »Dekalog der Gelassenheit« dienen.[23]

Die zehn Gebote der Gelassenheit von Papst Johannes XXIII. sind ganz auf das »Hier und Jetzt« ausgerichtet und stehen daher der Achtsamkeitstherapie nahe.

Zusammenfassend lässt sich sagen: Gelassenheit ist zwar keine unverzichtbare Voraussetzung für eine wertschätzende

Haltung, begünstigt und ergänzt diese aber auf ideale Weise. Denn ein gelassener Mensch kennt sich, seine Schwächen und seinen Wert. Er ist fähig, alle Probleme mit einer gewissen Distanziertheit zu beurteilen, er kennt seine emotionalen Reaktionen. Angriffe und Beleidigungen versetzen ihn nicht in Panik oder in einen emotionalen Erregungszustand mit sich aufschaukelnden Emotionen. Diese Kompetenzen geben ihm Sicherheit und erhöhen seinen Selbstwert, wodurch er fähig wird, anderen mit Wertschätzung zu begegnen.

Ausrichtung auf die Würde

Die menschliche oder persönliche Würde, um die es bei der Wertschätzung geht, ist zunächst ganz auf Personen ausgerichtet und wird definiert als »Achtung gebietender Wert, der einem Menschen innewohnt, und die ihm deswegen zukommende Bedeutung«. Ursprünglich bezeichnete Würde als »innere Ehre« das Ansehen und den Rang einer Persönlichkeit. Daneben kann Würde auch moralischen Instanzen, Amts- und Funktionsinhabern, also Würdenträgern, zukommen, ferner auch Institutionen und nach modernem Verständnis auch Tieren und der Natur.

Schon von seiner Wortherkunft her, dem althochdeutschen »wirdi« (= Wert), weist der Würdebegriff große Übereinstimmung mit jenem des Werts und der Wertschätzung auf. So wird er umgangssprachlich meist mit bedeutenden Institutionen, mit Feiern und Ritualen, aber auch mit Ruhm und Ehre in Verbindung gebracht.

Am häufigsten zitiert wird die Beschreibung der Würde durch Friedrich Schiller (1759–1805). In seinem Werk »Über Anmut und Würde« (1793) heißt es: »Beherrschung der Triebe durch die moralische Kraft ist Geistesfreiheit, und Würde heißt ihr Ausdruck in der Erscheinung. Auch die Würde hat ihre verschiedenen Abstufungen und wird da, wo sie sich der Anmut und Schönheit nähert, zum Edlen, und wo sie an das Fruchtbare grenzt, zur Hoheit. Der höchste Grad der Anmut ist das Bezaubernde, der höchste Grad der Würde ist Majestät.«

Im Christentum wird die Würde von der alttestamentarischen Beschreibung als Ebenbild Gottes abgeleitet und jedem Menschen als dessen Geschöpf zugestanden. Die Philosophie sieht die Würde in der einzigartigen Natur und Wesensart des Menschen, in seiner Selbstbestimmung und Autonomie, in seiner Fähigkeit zur Überwindung materieller Not und zur guten Lebensführung. Würde sei letztlich notwendige Bedingung für ein glückliches Dasein.

Nach der Aufklärung wurde Würde als sittlicher Wert, als ein den Menschen innewohnendes Wesensmerkmal und als Gestaltungsauftrag für positives Handeln gesehen.

Von psychiatrischer Seite hat sich besonders der Psychoanalytiker Léon Wurmser mit dem Thema befasst und darauf hingewiesen, dass die Scham die Hüterin der menschlichen Würde sei. Aktuell hat der Hirnforscher Gerald Hüther nachgewiesen, dass Würde nicht ein ethisch-philosophisches Konstrukt, sondern ein neurobiologisch verankerter innerer Kompass ist, der das menschliche Wesen befähigt, sich in den vielfältigen Anforderungen unserer hochkomplexen Welt zurechtzufinden. Durch Bewusstmachung seiner Würde sei der Mensch nicht mehr verführbar.

Im Zusammenhang mit der Wertschätzung ist in erster Linie die Menschenwürde von Bedeutung. Nach moderner Auffassung besteht diese einerseits im Wert, der allen Menschen unabhängig von Herkunft, Geschlecht, Alter oder Status in gleichem Maße zukommt, andererseits in jenem Wert, mit welchem sich der Mensch über alle anderen Lebewesen und Dinge stellt. Sie umfasst den Wert- und Achtungsanspruch, der dem Menschen allein kraft seines Menschseins zusteht, und stellt die Summe aller Menschenrechte dar. Menschenwürde ist in religiöser Tradition – der Mensch als Krone der Schöpfung – und philosophischem Gedankengut verwurzelt und in den Grundrechten verankert. In der Allgemeinen Erklärung der Menschenrechte vom 10.12.1948, auch als UN-Menschenrechtscharta bezeichnet, werden unveräußerliche Rechte genannt, die für alle Menschen gelten, ohne Unterschied nach Geschlecht, Hautfarbe, Religion, Sprache, politischer Überzeugung, sozialer und nationaler Herkunft. Darin heißt es: »Alle Menschen sind frei und gleich an Würde und Rechten geboren. Sie sind mit Vernunft und Gewissen begabt und sollen einander im Geist der Bürgerlichkeit begegnen (Art.1) ... Jeder hat das Recht auf Leben, Freiheit und Sicherheit der Person (Art. 3)«. Von den über hundert genannten Rechten haben sehr viele mit Wertschätzung zu tun, wie zum Beispiel das Recht auf Leben, das Verbot von Diskriminierungen, die Meinungsfreiheit, das Recht auf Arbeit und Erholung, die Rechte auf Nahrung, Kleidung und Wohnung.

An diesen Menschengrundrechten sollte sich die Wertschätzung orientieren. Die Realität ist jedoch eine andere. Lautete doch der Titel eines Bestsellers von Wiglaf Droste aus dem Jahr 2015: »Die Würde des Menschen ist ein Konjunktiv«. Doch das lässt sich ändern. Probieren Sie es einfach und vollbringen Sie – für sich selbst und Ihre Mitmenschen – das Wunder der Wertschätzung.

Quellenverzeichnis

1 Funk, Lena (2016): Empathie. In: Dieter Frey (Hrsg.): Psychologie der Werte. Springer, 53–54

2 Konrath, Sara H., u. a. (2011): Changes in Dispositional Empathy in American College Students Over Time: A Meta-Analysis. In: Personality and Social Psychology Review 15 (2), 180–198

3 Deutsches Institut für Vertrauen und Sicherheit im Internet (DIVSI): DIVSI U25-Studie – Euphorie war gestern. Die »Generation Internet« zwischen Glück und Abhängigkeit, erschienen 01.11.2018. www.divsi.de

4 Maggiori, Christian: Interview in »La Liberté«, 28.12.2018

5 Schwartz, Shalom H., u. a. (2012): Refining the Theory of Basic Individual Values. In: Journal of Personality and Social Psychology 103 (4), 663–688

6 Mongrain, Myriam (2011): Are positive psychology exercises helpful for people with depressive personality styles? In: The Journal of Positive Psychology 6 (4), 260–272

7 www.selbstwert-manual-scholz.com

8 www.respectresearchgroup.org

9 Achleitner, Ann-Kristin (2013): Kontrolle ist gut, Vertrauen besser. In: Handelsblatt 236, 58–89

10 Neuvonen, Elisa, u. a. (2014): Late-life cynical distrust, risk of incident dementia and mortality in a population-based cohort. In: Neurology 82 (24), 2205–2212

11 Stavrova, Olga, Ehlebracht, Daniel (2016): Cynical beliefs about human nature and income: Longitudinal and cross-cultural analyses. In: Journal of Personality and Social Psychology 110 (1), 116–132

12 Siegrist, Johannes (2015): Arbeitswelt und stressbedingte Erkrankungen. Forschungsevidenz und präventive Maßnahmen. Urban & Fischer

13 Welpe, Isabell, u. a. (2015): Pay Professors for Performance. Technische Universität München. Präsentation auf der Abschlusstagung der TUM am 14.01./15.01.2015

14 Hoogveld, Nicky, Zubanov, Nick (2017): The power of (no) recognition: Experimental evidence from the university classroom. In: Journal of Behavioral and Experimental Economics 67, 75–84

[15] Dweck, Carol S. (2012): Mindset. How you can fulfill your potential. Constable & Robinson Limited

[16] Brummelman, Eddie, u. a. (2014): »That's not just beautiful – that's incredibly beautiful!«: The adverse impact of inflated praise on children with low self-esteem. In: Psychological Science 25 (3), 728–735

[17] Mogel, Wendy (2011): The Blessing of a B Minus: Using Jewish Teachings to Raise Resilient Teenagers. Scribner

[18] Wille, Claudia (2014): Wege aus der Beziehungskrise. in Medizin populär 3, 7–12

[19] Lohaus, D., Rietz, C., Haase, S. (2013): Talente sind wählerisch – was Arbeitgeber attraktiv macht. In: Wirtschaftspsychologie aktuell 20 (3), 12–15

[20] www.gallup.com: Engagement Index Deutschland (2014): Präsentation zu Engagement-Index und Meta-Analyse 2012

[21] Fredrickson, Barbara, Losada, Marcial (2005): Positive Affect and the Complex Dynamics of Human Flourishing. In: American Psychologist 60 (7), 678–686

[22] Kraftwerk Anerkennung OG: Umfrage Anerkennungskultur in unserer Wirtschaft. Ergebnisse 2013. https://karrierebibel.de/wp-content/…/KW-A_Ergebnisse_Umfrage_Anerkennung.pdf

[23] www.gluecksarchiv.de/inhalt/lebensregeln_johannes23.htm

Literaturempfehlungen

Bauer, Joachim: *Warum ich fühle, was du fühlst. Intuitive Kommunikation und das Geheimnis der Spiegelneurone.* Heyne

Borbonus, René: *Respekt! Wie Sie Ansehen bei Freund und Feind gewinnen.* Econ

Brodnig, Ingrid: *Lügen im Netz. Wie Fake News, Populisten und unkontrollierte Technik uns manipulieren.* Brandstätter

Buchheld, Nina: *Achtsamkeit in Vipassana-Meditation und Psychotherapie.* Peter Lang

Buckingham, Marcus; Coffmann, Curt: *Erfolgreiche Führung gegen alle Regeln. Wie Sie wertvolle Mitarbeiter gewinnen, halten und fördern.* Campus

Ciompi, Luc; Endert, Elke: *Gefühle machen Geschichte. Die Wirkung kollektiver Emotionen – von Hitler bis Obama.* Vandenhoeck & Ruprecht

Demmerling, Christoph; Landweer, Hilge: *Philosophie der Gefühle – Von Achtung bis Zorn.* J. B. Metzler

Droste, Wiglaf: *Die Würde des Menschen ist ein Konjunktiv.* Goldmann

Ebert, Helmut; Pastoors, Sven (2018): *Respekt. Wie wir durch Empathie und wertschätzende Kommunikation im Leben gewinnen.* Springer

Faust, Volker: *Psychiatrie heute.* http://www.psychosoziale-gesundheit.net/

Frevert, Ute: *Die Politik der Demütigung. Schauplätze von Macht und Ohnmacht.* S. Fischer

Frey, Dieter (Hrsg.): *Psychologie der Werte. Von Achtsamkeit bis Zivilcourage – Basiswissen aus Psychologie und Philosophie.* Springer

Gottman, John M.: *Die 7 Geheimnisse der glücklichen Ehe.* Ullstein

Haller, Reinhard: *Die Macht der Kränkung.* Ecowin

Haller, Reinhard: *Die Narzissmusfalle. Anleitung zur Menschen- und Selbstkenntnis.* Ecowin

Hane, Reika: *Gewalt des Schweigens. Verletzendes Nichtsprechen bei Thomas Bernhard, Kōbō Abe, Ingeborg Bachmann und Kenzaburō Ōe.* De Gruyter

Hansen, Hartwig: *Respekt – Der Schlüssel zur Partnerschaft.* Klett-Cotta

Hüther, Gerald: *Würde. Was uns stark macht – als Einzelne und als Gesellschaft.* Albrecht Knaus

Kirshenbaum, Mira: *Ich will bleiben. Aber wie? Neuanfang für Paare.* Fischer

Margalit, Avishai: *Politik der Würde. Über Achtung und Verachtung.* Suhrkamp

Nyanaponika Mahathera: *Im Lichte des Dhamma.* Christiani

Peters, Uwe Henrik: *Lexikon Psychiatrie, Psychotherapie, Medizinische Psychologie.* Urban & Fischer

Reiss, Steven: *Das Reiss Profile. Die 16 Lebensmotive. Welche Werte und Bedürfnisse unserem Verhalten zugrunde liegen.* Gabal

Schwartz, Thomas: *Durch Wertschätzung zur Wertschöpfung. Wirtschaftsethische Überlegungen zur Mitarbeiterführung.* Vortrag auf www.agv-vers.de/uploads/tx_seminars

Sennett, Richard: *Respekt im Zeitalter der Ungleichheit.* Berlin Verlag

Sommer, Andreas Urs: *Werte. Warum man sie braucht, obwohl es sie nicht gibt.* J. B. Metzler

Wardetzki, Bärbel (2013): *Kränkung am Arbeitsplatz. Strategien gegen Missachtung, Gerede und Mobbing.* Deutscher Taschenbuch Verlag

Weidner, Markus F. und Hannelore: *Anerkennung und Wertschätzung. Futter für die Seele und Treibstoff für Erfolg.* Gabal

Wirtz, Markus Antonius (Hrsg.): *Dorsch.* Lexikon der Psychologie. Hogrefe

Wurmser, Léon: *Die Maske der Scham. Die Psychoanalyse von Schamaffekten und Schamkonflikten.* Klotz

Bücher aus dem GRÄFE UND UNZER Verlag:

Berckhan, Barbara: *Wahre Stärke muss nicht kämpfen*

Eßwein, Jan: *Achtsamkeitstraining* (Buch mit CD)

Hammer, Matthias: *Der Feind in meinem Kopf* und *Liebe das Kind in dir*

Matschnig, Monika: *Körpersprache*

Schlüter, Christiane: *Kraftquellen für den Alltag*

Impressum

Projektleitung: Reinhard Brendli

Lektorat: Ulrike Auras

Umschlaggestaltung und Layout: independent Medien-Design, Horst Moser, München

Cover-Illustrationen: Getty Images

Syndication: www.seasons.agency

Herstellung: Markus Plötz

Satz: Uhl + Massopust, Aalen

Repro: Repro Ludwig, Zell am See

Druck und Bindung: C.H.Beck, Nördlingen

ISBN 978-3-8338-6744-6

7. Auflage 2020

QUALITÄTS G|U GARANTIE

LIEBE LESERINNEN UND LESER,
wir wollen Ihnen mit diesem Buch Informationen und Anregungen geben, um Ihnen das Leben zu erleichtern oder Sie zu inspirieren, Neues auszuprobieren. Wir achten bei der Erstellung unserer Bücher auf Aktualität und stellen höchste Ansprüche an Inhalt und Gestaltung. Alle Anleitungen und Rezepte werden von unseren Autoren, jeweils Experten auf ihren Gebieten, gewissenhaft erstellt und von unseren Redakteuren/innen mit größter Sorgfalt ausgewählt und geprüft.

Haben wir Ihre Erwartungen erfüllt? Sind Sie mit diesem Buch und seinen Inhalten zufrieden? Haben Sie weitere Fragen zu diesem Thema? Wir freuen uns auf Ihre Rückmeldung, auf Lob, Kritik und Anregungen, damit wir für Sie immer besser werden können. Und wir freuen uns, wenn Sie diesen Titel weiterempfehlen, in Ihrem Freundeskreis oder bei Ihrem online-Kauf.

Sollten wir Ihre Erwartungen so gar nicht erfüllt haben, tauschen wir Ihnen Ihr Buch jederzeit gegen ein gleichwertiges zum gleichen oder ähnlichen Thema um.

KONTAKT
GRÄFE UND UNZER VERLAG
Leserservice
Postfach 86 03 13
81630 München
E-Mail: leserservice@graefe-und-unzer.de
Telefon: 00800 / 72 37 33 33*
Telefax: 00800 / 50 12 05 44*
Mo-Do: 9.00–17.00 Uhr
Fr: 9.00–16.00 Uhr (*gebührenfrei in D,A,CH)

GRÄFE UND UNZER

Ein Unternehmen der
GANSKE VERLAGSGRUPPE

www.facebook.com/gu.verlag